“十三五”国家重点出版物出版规划项目

转型时代的中国财经战略论丛

中国公共资本投入运行机制研究

Research on the Operational Mechanism of China's Public Capital Investment

吴明娥◎著

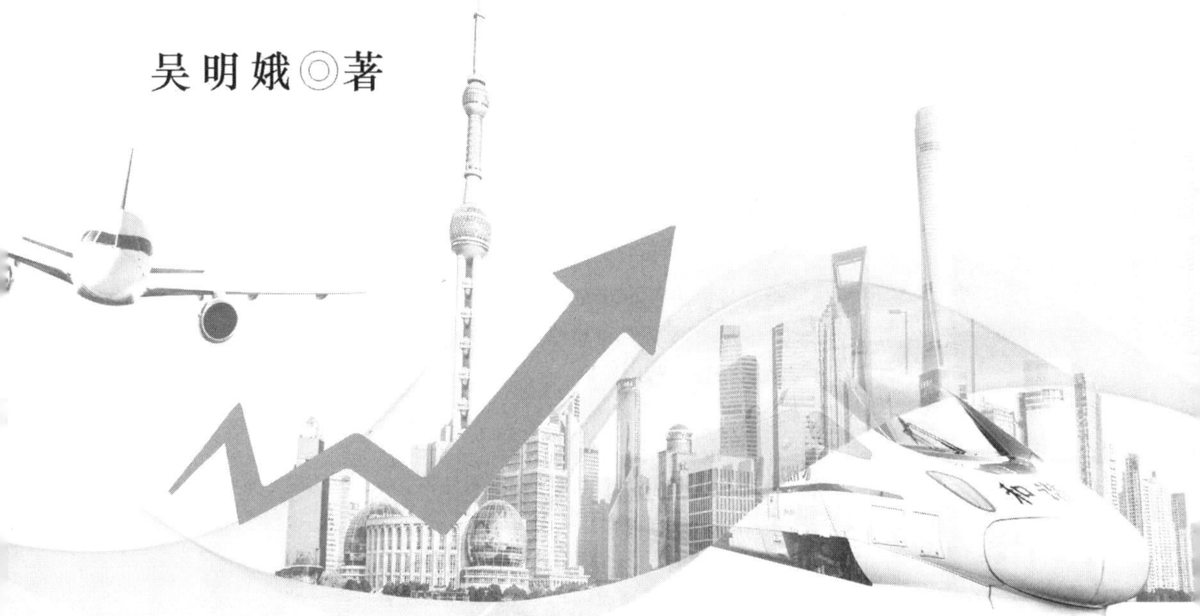

中国财经出版传媒集团
经济科学出版社
Economic Science Press

图书在版编目（CIP）数据

中国公共资本投入运行机制研究／吴明娥著．—北京：经济科学出版社，2020.7

ISBN 978－7－5218－1791－1

Ⅰ.①中…　Ⅱ.①吴…　Ⅲ.①政府投资－投资机制－研究－中国　Ⅳ.①F832.48

中国版本图书馆 CIP 数据核字（2020）第 151559 号

责任编辑：孙怡虹　赵　岩
责任校对：齐　杰
责任印制：李　鹏　范　艳

中国公共资本投入运行机制研究
吴明娥　著
经济科学出版社出版、发行　新华书店经销
社址：北京市海淀区阜成路甲 28 号　邮编：100142
总编部电话：010－88191217　发行部电话：010－88191522
网址：www.esp.com.cn
电子邮件：esp@esp.com.cn
天猫网店：经济科学出版社旗舰店
网址：http：//jjkxcbs.tmall.com
北京季蜂印刷有限公司印装
710×1000　16 开　11.5 印张　190000 字
2020 年 12 月第 1 版　2020 年 12 月第 1 次印刷
ISBN 978－7－5218－1791－1　定价：52.00 元
（图书出现印装问题，本社负责调换。电话：010－88191510）

前　言

改革开放以来，尤其是从1998年中国政府实施“扩张性财政政策”以应对亚洲金融危机开始，我国先后实施西部大开发、振兴东北老工业基地、中部地区崛起等重大战略以协调区域发展，并于2008年进一步实施积极财政政策以应对国际金融危机，再到2015年提出共建“一带一路”倡议以扩大和深化对外开放，都把加速基础设施建设等公共投资作为重大举措，从而带动我国公共资本存量急剧攀升。随着中央与地方财政权责关系的调整以及地方政府在区域经济规划制定中主体地位的确立，地方公共投资已然成为全国公共投资的重要组成部分。在此背景下，我们关心的是，中国地方公共资本投入的效率如何？不同省份之间公共资本投入效率是否存在差异？这些差异的变动趋势如何？哪些因素又会影响到公共资本投入效率？中国公共资本投入运行机制又该如何构建？以上问题的回答无疑对于揭示我国地方财政政策的实施效果是相当重要的，对今后地方政府公共政策的制定也不无参考作用。

毫无疑问，公共资本的准确测算是评价公共资本投入效率的关键所在。长期以来，由于公共资本概念、口径的界定差异以及估算指标选取的不同，再加上统计口径变更和资本相关数据缺失，中国公共资本存量估算结果存在较大差异并且不具有可比性，从而对经济增长理论研究的可靠性带来很大影响。理论上估算的滞后以及估算结果的显著差异实际暗含着公共资本投入估算工作需要进一步探索的推论。因此，合理界定并谨慎测算公共资本投入，为后续研究铺平道路，就成为当前极为迫切解决的问题。

因此，本书在系统梳理国内外关于资本投入估算方法、理论与实践的基础上，运用永续盘存法、“年龄—效率”函数谨慎测算1985～2014年中国及省际公共资本存量和生产性公共资本存量，为后续研究提供数据支撑。然后，在中国省际公共资本投入对经济增长具有显著正向作用的实证支撑下，运用规模报酬可变的数据包络分析法（DEA），基于投入产出绩效视角将中国省际公共部门劳动生产率变化分解为技术效率、技术进步和公共资本投入效率变化三大来源，进而对1986年以来中国公共资本投入效率的变化趋势、区域差异及其影响因素展开经验分析。最后，在财政分权能够促进公共资本投入效率提升的经验支撑下，基于财政分权视角，构建基于效率改进的公共资本投入运行机制。与既有文献相比，本书的创新工作及主要结论体现在以下三个方面：

第一，细致审慎估算中国全国及省际公共资本投入。本书在合理界定公共资本内涵及统计范围的基础上，运用永续盘存法详细测算了1985～2014年中国及省际公共资本存量；为进一步考察资本在使用过程中的效率损失和磨损，基于“年龄—效率”函数谨慎估算了中国及省际生产性公共资本存量。其中，考虑到折旧率对资本存量测算的重要影响，本书未使用经验假定折旧率或简单使用综合折旧率，而是运用资产价值公式推导出资产折旧率的时间序列数据。研究结果表明，与公共资本存量相比，生产性公共资本存量更能反映实际服务于生产过程的公共资本投入规模。总体上，我国生产性公共资本存量在1993年前增长缓慢，1993年后增速明显加快，1998年和2009年金融危机时期我国积极财政政策的实施进一步推动了生产性公共资本存量的迅速积累。从东部、中部、西部地区情况看，生产性公共资本存量由东向西呈阶梯式分布，东部沿海地区公共资本存量明显处于领先水平，而大西北地区的公共投资处于严重不足状态，其区域分布呈现明显的“核心—外围”特征。从各省份情况看，山东、广东、四川、江苏和浙江的生产性公共资本存量处于全国领先水平，而青海、海南、西藏和宁夏的生产性公共资本存量处于落后状态，各省份之间生产性公共资本存量的差异巨大。

第二，深入探讨中国公共资本投入效率变化趋势及其区域差异。本书在中国省际公共资本投入对经济增长具有显著正向作用的实证支撑下，结合劳动生产率的三重分解框架，基于投入产出绩效视角，运用规模报酬可变的数据包络分析法，将中国省际公共部门劳动生产率变化分解为技术效率、技术进步和公共资本投入效率变化三大来源，进而对1986年以来公共部门劳动生产率及其分解项的动态变化进行探讨，并重点关注公共资本投入效率的变化趋势及其区域差异。研究结果表明，技术效率和技术进步的减缓是公共部门劳动生产率在20世纪90年代中后期下降的主因，公共资本的迅速及持续积累成为近年来推动中国经济增长的主要源泉，我国区域经济增长仍呈现典型的政府推动型特征，但仅仅依靠公共资本的大量投入并不能有效维持公共部门劳动生产率的持续增长。总体上，中国公共资本投入效率在1993年前增长缓慢，1993 年后得到了有效提升，并在 1998 年和 2009 年增速明显加快，地方政府在金融危机时期实施的以加大公共投资为主的积极财政政策是有效的。区域上，长江中游、西南和黄河中游地区的公共资本投入效率累积增长最快，北部沿海、东北、东部沿海和南部沿海次之，累积增长最慢的是大西北。另外，中国公共资本投入效率的区域差异自 1993 年以来呈现持续发散的格局，并且这种差异主要来源于省际。

第三，基于财政分权视角构建中国公共资本投入运行机制。本书首先搭建财政分权与公共资本投入效率间关系的理论框架；其次从财政收入分权和财政支出分权两个维度出发，实证考察中国财政分权体制等因素对地方公共资本投入效率增长的影响；最后基于财政分权视角，构建基于效率改进的中国公共资本投入运行机制。研究结果表明，总体上，无论采用财政收入分权还是财政支出分权指标，财政分权与公共资本投入效率增长均呈显著正相关关系，但财政收入分权对公共资本投入效率的激励作用不断提升而财政支出分权的激励作用呈边际递减。区域上，中部地区财政分权对公共资本投入效率增长的正向作用最为显著，其次为西部地区，而东部地区最小，财政分权对区域公共资本投入效率增长的正向作用并不与财政分权度成正比。对于中国公共资本投入模式，应坚持以地方政府为主导，中央政府参与为辅；坚持以市场机制为基础，使得公共资本的投入与不同收入层次和居民需求以及经济发展阶段相适应；坚持以社会资本为补充，发挥社会资本在技术、信息等方面的比较优势，发挥 PPP 模式风险共担、利益共享的制度优势。对于中国公共资本投入机制，应合理划分中央与地方政府责权，规范各级政府间的事权划分；应充分发挥转移支付的积极作用，通过转移支付弥补地方财政缺口，并激励地方政府履职尽责；应进一步完善政府绩效考核机制，实现多维绩效考核，加大力度推动基层民主建设，更多地参考辖区居民意见。

需要指出的是，中国公共资本投入估算、中国公共资本投入效率测度以及中国公共资本投入机制的构建在理论和实践层面均是具有挑战性的工作。尽管本书在数据采集、研究方法以及研究视角等方面进行了初步尝试，但是，随着研究工具、研究方法、研究视角的不断创新，本书的研究也存在一定的局限性，从而指引了我们继续探索的方向，也期望各位专家学者不吝赐教。

吴明娥

2019 年 2 月 14 日

目　　录

第一章　绪　　论

第一节　研究背景与意义

改革开放以来，中国经济实现了举世瞩目的高速增长。在此过程中，除了以市场为导向的经济体制转型为中国经济发展提供了良好政策环境外，基础设施等公共资本积累也起着举足轻重的作用。但是，随着区域经济发展差距的不断扩大，公共投资已不再局限于实现经济增长这一单一目标，如何通过投入规模、投向分布等投资决策提升公共资本的投入效率，实现区域经济的均衡发展乃至中国国民经济的长期可持续发展，是摆在政府以及学术界面前的重大现实问题。在协调效率与公平时，与公共投资相关的一些重要经济现象需要引起我们的重视。

首先，基础设施建设等公共投资是政府解决经济增长难题时的关键举措。1985 年以来，公共资本积累稳步上升的过程中经历了数次跳跃，公共资本增长的首次大幅攀升出现在 1993 年。究其原因，我们认为，这缘于邓小平南方谈话后中国经济市场化改革方向的日益明朗，进而引发了一轮投资热潮。接着，1997 年亚洲金融危机和 2008 年国际金融危机爆发后，中国政府均通过实施以增加公共投资为主的扩张性财政政策来应对金融危机，导致 1998 年和 2009 年中国公共资本急剧攀升。其中，1998 年基础设施建设等公共投资刺激计划取得了良好效果，从而成为 2008 年中国政府应对金融危机的重要经验借鉴，但 2008 年实施的“四万亿”投资计划的多重后果却引发了关于中国公共投资是否过度的激烈争论。

其次，基础设施建设等公共投资是政府均衡区域经济发展的重要举措。改革开放以来，中国实行的“让一部分人先富起来”的非均衡发展战略带动了东部沿海地区经济的蓬勃发展，而中部、西部地区的经济发展长期处于落后状态。为此，中国政府先后实施西部大开发、振兴东北老工业基地、中部崛起等重大战略，采取基础设施投资先行的策略，通过大规模且集中的公共投资建立中部、西部地区的公共基础设施体系，以期带动中部、西部地区经济增长从而实现区域经济均衡发展。在上述重大战略支撑下，中部、西部地区的公共基础设施得到了显著改善，公共资本的迅速积累一定程度上带动了中部、西部地区的经济发展，但区域经济发展差距是否由于倾斜式公共投资而趋于收敛仍是诸多学者探讨的焦点。

最后，基础设施建设等公共投资是地方政府刺激经济增长的主要手段。近年来，“中国式”分权体制带来的财政激励以及政治上的“标尺竞争”极大地调动了地方政府发展经济的积极性，促使地方政府大力开展公共投资，各地区大规模的公共基础设施建设，如城市道路、高速公路网、跨江海大桥、航运港口等基建对区域经济发展均有明显的促进作用。《关于 2014 年中央和地方预算执行情况与 2015 年中央和地方预算草案的报告》中指出，2015 年地方一般公共预算收入和预算支出分别为 140988 亿元、145988 亿元，比上年分别增长 10.6% 和 10.2% 。在地方政府支配的财政资源不断膨胀的同时，关于地方政府能否有效进行公共投资的问题也引起了学者们的激烈讨论。

从现实背景上看，公共资本投入在推动区域经济乃至国民经济发展中起着至关重要的作用，但同时也对中央和地方政府财政决策提出了严峻考验。因此，本书通过深入探讨全国及省际公共资本投入现状，进而全面把握中国公共资本投入效率的变化趋势、区域差异及其影响因素，以期厘清中央及地方财政政策的实施效果，并为各级政府优化公共资本配置、提高公共资本投入效率、健全完善中国公共资本投入机制提供参考，这对于提高我国公共服务水平、实现区域经济的均衡发展以及国民经济的可持续发展显然具有重要的现实意义。

从理论背景上看，公共资本相关研究越来越受到公共资本投入估算困难的制约，转而用历年公共部门固定资产投资额或政府预算内固定资产投资额等公共投资流量数据替代经济增长模型中公共资本投入的做法越来越饱受批评和质疑。黄勇峰等（2002）指出，任何试图应用增长核算框架分析中国经济增长问题的研究者都必然面临资本投入数据的问题。但是，在当前国内外诸多研究中，资本投入的测定结果似乎并不能令人满意。同时，关于中国资本核算研究主要集中于资本总量或者分省份、分城乡、分产业、分行业估算，按资本性质分类估算公共资本投入的研究还不多见。其中，绝大多数文献均是对中国公共资本存量的总量进行粗略估算，涉及省际公共资本投入的文献十分有限。因此，合理界定并谨慎测算全国及省际公共资本投入，为后续研究提供数据支撑，并在此基础上系统分析中国公共资本投入效率的变化趋势、区域差异及其影响因素，为中国公共资本相关研究提供参考，这显然具有重要的理论意义。

第二节　研究思路与方法

一、研究思路

本书的研究思路是围绕中国公共资本投入运行机制问题，广泛挖掘和科学吸收、利用已有理论资源，在充分认识全国及地区公共投资现状的基础上，将中国公共资本投入问题置于区域经济均衡发展的宏观经济背景之中，联系客观现实深入剖析基本概念，揭示其内在机理和内在要求，构建本书的理论框架。在此基础上，运用永续盘存法、空间计量法、数据包络分析、门限面板回归等多种研究方法，谨慎测算全国及省际公共资本投入，揭示中国公共资本投入以及公共资本投入效率的典型特征，并系统分析其成因、区域差异及影响因素。最后，依据公共资本投入的基本原理和国际经验，结合本书的研究结论，提出适合于中国经济发展的基于效率改进的中国公共资本投入运行机制。本书的研究思路遵循从理论→实证→对策的一般过程，技术路线可以概括为如图 1 - 1 所示。

二、研究方法

1. 文献分析法

本书首先对国内外相关研究展开文献述评，综述内容包括资本投入核算、公共资本投入核算、公共资本投入与经济增长、资本投入效率、财政分权与经济增长五个方面，在把握研究前沿的基础上提出本书的研究思路。

2. 理论研究法

本书以内生经济增长理论、公共产品理论、公共支出理论、财政分权理

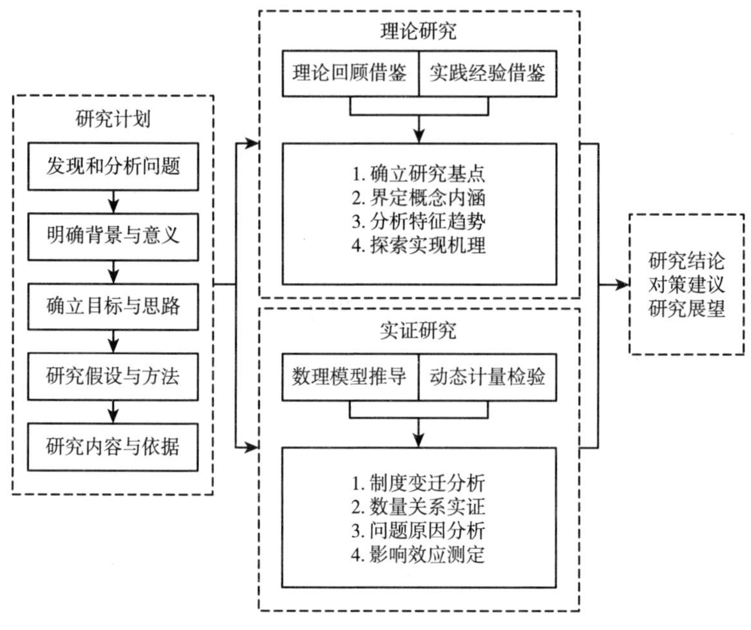

图1-1 技术路线

论等为核心，结合制度经济学、新经济地理学，运用制度分析、历史分析与比较静态理论建模、数理推导与证明的方法对公共资本投入、公共资本投入效率差异及其影响因素展开探讨。

3. 实证研究法

本书实证检验工作的展开依赖于综合运用空间计量方法、系统 GMM 方法、数据包络分析法、门限面板回归模型等等。此外，系统论的观点和基本分析方法将贯穿本研究的始终。本书的软件支持包括 Eviews 6.0、Stata 12.1、Deap 2.1、Matlab 2010 和 GeoDA 0.9.5-i。

第三节 研究内容与框架

由于公共资本的准确测算是评价公共资本投入效率的关键所在，本书拟在系统梳理国内外关于资本投入相关理论、实践经验以及典型的估算方法、技术的基础上，通过合理界定公共资本内涵及统计范围，运用统一口径的权威统计数据，对 1985~2014 年全国及省际公共资本投入进行谨慎而细致的估算，以期为后续研究提供数据支撑。首先，在中国省际公共资本投入对经济增长具有显著正向作用的实证支撑下，运用估算的中国省际生产性公共资本存量数据，采用规模报酬可变的数据包络分析法（DEA）深入探讨中国公共资本投入效率的变化趋势及其区域差异。其次，从财政收入分权和财政支出分权两个维度出发，运用面板门限回归模型实证考察中国财政分权体制以及经济发展水平、对外开放度、外商直接投资、政府规模、受教育水平对公共资本投入效率增长的影响。在此基础上，基于财政分权视角，构建基于效率改进的中国公共资本投入运行机制。最后，针对研究结论提出相应的对策建议，以期为优化地方财政支出结构，实现中国经济可持续发展及区域协调发展提供参考决策。具体研究内容安排如下：

1. 国内外文献综述与理论基础

本部分从资本投入核算、公共资本投入核算、公共资本投入与经济增长、资本投入效率、财政分权与经济增长五个方面对国内外现有文献进行系统梳理并展开述评，归纳总结本书研究涉及的公共产品理论、公共支出理论、财政分权理论等经典理论，进而对上述理论基础展开借鉴和运用。

2. 中国公共资本投入估算概念、框架与指标构建

本部分通过合理界定公共资本内涵及统计范围，采用统一口径的权威统计数据，对基期公共资本存量、当年公共资本投资序列、固定资产投资价格指数、资产使用年限、折旧率等指标展开详细说明，运用永续盘存法、“年龄—效率”函数谨慎测算 1985 ~ 2014 年全国及省际公共资本存量和生产性公共资本存量，为后续研究奠定数据基础。

3. 中国公共资本投入的经济增长效应研究

本部分首先搭建公共资本投入与经济增长间关系的理论框架，然后在对公共资本投入和经济增长进行空间相关性检验的基础上，基于静态空间面板模型和动态空间面板模型对中国公共资本投入的经济增长效应展开实证分析，并进一步考察中国东部、中部、西部三大区域公共资本投入对经济增长的影响差异，以期获得中国公共资本投入与经济增长间关系的经验支撑。

4. 中国公共资本投入效率测度及其区域差异研究

本部分在中国省际公共资本投入对经济增长具有显著正向作用的实证支撑下，结合劳动生产率的三重分解框架，基于投入产出绩效视角，运用规模报酬可变的数据包络分析法将中国省际公共部门劳动生产率变化分解为技术效率、技术进步和公共资本投入效率变化三部分，并重点对公共资本投入效率的变化趋势展开经验分析，在此基础上利用泰尔指数分析公共资本投入效率的区域差异。

5. 中国公共资本投入效率的影响因素研究

本部分在财政分权视角下，首先搭建财政分权与公共资本投入效率间关系的理论框架，然后从财政收入分权和财政支出分权两个维度出发，运用面板门限回归模型实证考察中国财政分权体制以及经济发展水平、对外开放度、外商直接投资、政府规模、受教育水平对公共资本投入效率增长的影响，在此基础上进一步探讨中国东部、中部、西部三大区域财政分权水平对公共资本投入效率增长的影响差异。

6. 分权视角下中国公共资本投入运行机制构建

本部分在梳理 1994 年以来中国财税体制改革历程的基础上，首先探讨了中国公共资本投入模式的选择，然后基于财政分权视角，力图构建基于效率改进的中国公共资本投入运行机制。

图 1－2 展示了本书的研究框架。

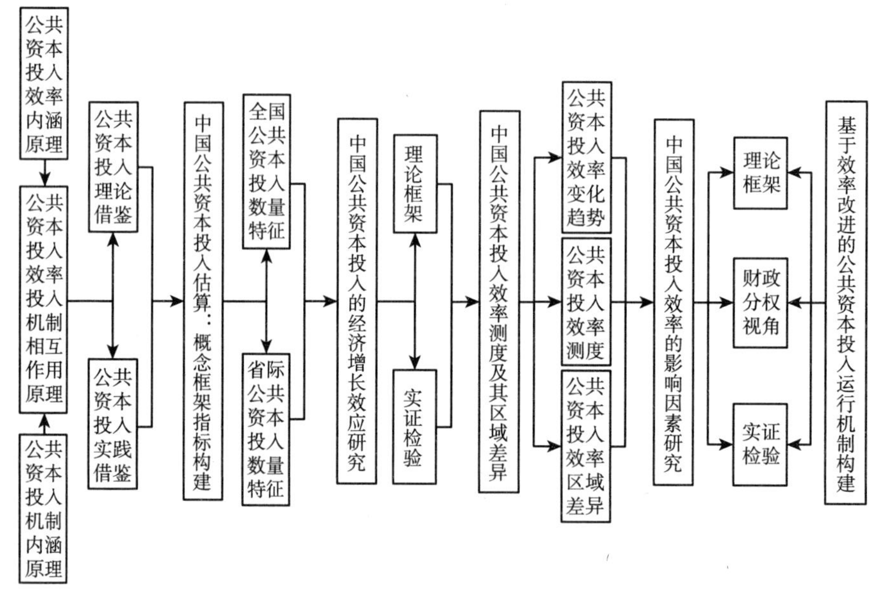

图 1－2　研究框架

第四节 研究特色与创新

本书的研究特色在于：一方面，运用统一口径的权威统计数据，对中国公共资本投入总量以及省际公共资本投入量进行了细致、谨慎的估算工作，为中国公共资本投入效率的测度奠定了基础。另一方面，将财政分权引入公共资本投入的研究框架之中，重视财政分权对公共资本投入效率的作用和影响，并在此基础上构建基于效率改进的中国公共资本投入运行机制。

具体而言，本书的创新之处主要体现在以下三个方面。

1. 细致审慎估算中国全国及省际公共资本投入

综观现有文献，关于中国资本投入估算的著述颇丰，从总量估算到分省份、分城乡、分产业、分行业估算均有学者深入探讨，但按资本性质分类测算公共资本投入的研究并不多见。其中，在研究对象上，多数文献是对中国公共资本存量的总量进行估算，或者根据研究需要只关注公共投资的部分行业，详细测算中国省际公共资本存量的研究十分有限。在估算方法上，学者们基本达成共识并普遍采用戈德史密斯（Goldsmith，1951）开创的永续盘存法，但在相关指标的处理及具体方法的运用上仍值得进一步探讨，主要表现在：第一，忽略了资产折旧率的相对变化；第二，忽略了资本品的相对效率模式。总之，由于公共资本概念、口径的界定差异以及估算指标选取的不同，再加上统计口径变更和资本相关数据缺失，中国公共资本存量估算的结果存在较大差异，从而对经济增长理论研究的可靠性带来很大影响。因此，本书在合理界定公共资本内涵及统计范围的基础上，运用永续盘存法详细测算了1985~2014年全国及省际公共资本存量；为进一步考察资本在使用过程中的效率损失和磨损，基于“年龄—效率”函数谨慎估算了全国及省际生产性公共资本存量。其中，考虑到折旧率对资本存量测算的重要影响，本书未使用经验假定折旧率或简单使用综合折旧率，而是运用资产价值公式推导出资产折旧率的时间序列数据。

2. 深入探讨中国公共资本投入效率变化趋势及其区域差异

鉴于政府在中国国民经济中的核心地位，现有文献从政府或其特定公共部门出发，对政府公共支出效率展开了广泛研究。但是，由于政府消费与政府资本积累对经济增长的作用机制和影响存在差异，以政府公共支出为研究对象无法区分政府消费性支出与政府投资性支出的效率差异，并可能在政策建议上产生误导。同时，现有文献大多以“公共服务最大化”作为行为目标研究公共支出效率，这对于我国财政分权体制下形成的地方政府“标尺竞争”现状并不完全适用，无论是“标尺竞争”带来的财政激励还是政治激励，最终都表现为地方政府以追求“产出最大化”为目标。因此，将研究方向从公共支出转移到地方政府在公共领域投资形成的公共资本上，基于投入产出绩效视角对我国公共资本投入效率展开研究就显得十分必要。事实上，近年来，部分研究已在经济增长与资本投入效率相结合方面进行了尝试，但大多以总量经济作为研究对象，鲜有文献对中国公共资本积累的动态变化进行全面而细致的考察，从而为本书研究公共资本投入效率提供了一个新的视角。有鉴于此，本书将研究方向从公共支出转移到公共资本上，基于中国公共资本投入对经济增长具有显著正向作用的实证支撑，结合库马尔和拉塞尔（Kumar & Russell，2002）对劳动生产率的三重分解框架，运用规模报酬可变的数据包络分析法，基于投入产出绩效视角将中国省际公共部门劳动生产率变化分解为技术效率、技术进步和公共资本投入效率变化三大来源，进而对1986年以来中国公共资本投入效率的变化趋势及区域差异展开经验分析。

3. 基于财政分权视角构建中国公共资本投入运行机制

公共资本投入在中国经济发展中所起到的关键作用，已经得到诸多学者的广泛关注。但是，现有文献大多忽略了一个重要问题，那就是，中国的财政体制是否会影响地方公共投资，尤其是在1994年的分税制改革之后，中国财政分权制度的进一步完善又会给地方公共资本投入效率带来何种影响？作为一个实际上的“财政联邦”体制下的国家，中国地区公共资本投入的发展变化路径很大程度上取决于中央与地方之间的权责分配安排。因此，将财政分权纳入中国公共资本投入的分析框架对于解释地区公共资本投入效率差异，并以此为基础构建中国公共资本投入运行机制就显得尤为重要。有鉴于此，本书首先搭建财政分权与公共资本投入效率间关系的理论框架；其次从财政收入分权和财政支出分权两个维度出发，运用面板门限回归模型实证考察中国财政分权体制以及经济发展水平、对外开放度、外商直接投资、政府规模、受教育水平对公共资本投入效率增长的影响。最后基于财政分权视角，构建基于效率改进的中国公共资本投入运行机制。

第二章　国内外文献综述与理论基础

第一节　国内外文献综述

一、资本投入核算

资本投入核算是宏观经济研究的重要前提与基础，但由于资本投入核算复杂，资本理论一直是经济研究中最为活跃且最具挑战性的领域之一。20 世纪 50 ~60 年代剑桥之争的一个重要议题就是关于资本可测性的争论，理论和技术两个层面存在的诸多问题导致资本投入核算困难重重。但是，鉴于资本投入核算在宏观经济研究中的重要作用，20 世纪 50 年代以来，越来越多有影响力的经济学家开始加入资本投入核算的理论和技术研究当中，其中的代表性人物包括：罗宾逊（Robinson）、索罗（Solow）、丹尼森（Denison）、戈德史密斯（Goldsmith）以及乔根森（Jorgenson）等。

罗宾逊（1953）从生产函数和资本理论的角度出发，根据生产的时间模型，对资本品所投入的劳动量按照现行的利息率进行复利计算，试图在真实资本的基础上建立以人均资本存量表示的人均产出“伪生产函数”，并提出用劳动时间表示的资本存量测算方法：假定 t 为资本品的使用周期，K_L 为资本存量，L 为 t 期生产资本品投入的劳动，建立资本存量的测度公式为 $K_L = L(1+r)^t$。罗宾逊的伪生产函数将工资和利息率视为变量，这与新古典生产函数中将工资和利息率视为内生变量、试图通过求解生产函数的导数值来决定分配问题具有显著的不同。

索罗（1956）的新古典经济增长理论特别强调了资本的重要作用，认为经济增长是由有效率的人均资本存量的增长产生，资本存量的变化主要由新增资本投入和资本折旧构成，资本存量恒等于产出减消费，或储蓄率与产出的乘积。因此索罗的资本存量公式可表示为 $\dot{K}_t = s \times Y_t - \delta K_t$。其中，$\dot{K}_t = dK_t / d_t$ 表示资本变化，s 表示储蓄率，δ 表示资本折旧率。索罗同时指出，尽管更加关心资本投入量，但由于资本投入难以确切计量，并且资本投入量和资本存量成正比的假设相当严格，因此实际操作中不得不以资本存量进行替代。可见，索罗已经意识到，资本存量和资本投入量是两个不同的概念，他对土地与资本品的资本投入价格变动与重估价等问题都作出了尝试性与开拓性的分析，为后续研究提供了宝贵经验。

丹尼森（1967，1969）沿用索罗的“索罗余值法”（Solow Remainnong Value），同样采用了资本存量替代资本投入量的做法，但相比索罗而言他的估算更为谨慎。丹尼森对要素投入的分类更为详细，其中将资本进一步细化为住宅建筑和住宅土地、非住宅建筑和设备、非住宅土地以及存货四类，并同时采用了总资本量和净资本量两种形式的算术平均以充分考虑折旧的影响。该分析思路后来被联合国采纳，他们用总资本量度量资本存量，用直线法度量资本消耗。丹尼森的估算方法在一定程度上克服了因采用生产函数法所带来的循环估算问题，但是该方法对相关行业资本数据质量要求较高，这对于统计核算体系普遍欠完善的广大发展中国家而言应用受限。

显然，罗宾逊、索罗和丹尼森的研究工作更多的属于开拓性、启发性的，关于资本投入的核算并未达成共识，直到戈德史密斯（1951）开创性地提出了基于耐用品生产模型的永续盘存法（perpetual inventory method，PIM），为资本投入核算开辟了广阔前景。其资本存量公式可表示为：

$$K(t) = I(t) + [1 - \delta(t)]K(t-1) \tag{2.1}$$

其中，$K(t)$ 表示 t 期期末资本存量，$K(t-1)$ 为上一期或基期资本存量，$I(t)$ 为 t 期投资额，$\delta(t)$ 表示平均重置率。该方法在资产累加时考虑了资本品使用过程中的效率改变，由此确定了资本存量核算的四个关键变量，即基期资本存量、投资序列、资本重置率和价格平减指数。戈德史密斯（1951）的永续盘存法因具有较强的操作性从而在之后得到了广泛应用。

乔根森在戈德史密斯的研究基础上，发展了拓展的 PIM 方法。乔根森（1963，1965，1967 等）根据新古典理论的最优资本积累假设推导出投资行为模型，并提出资本租赁价格以及相应度量方法，由此建立起资本投入数量—价格对偶的统一分析框架，并形成了建立在资本存量和资本租赁价格基础上的资本投入度量方法。其中，资本投入由数量指数（资本存量）和价格指数（资本租赁价格）构成，资本存量采用永续盘存法进行估算，资本投入量与资本存量成正比，比例系数即为资本投入质量指数。乔根森在计算资本存量和资本租赁价格时使用了一套相同的几何递减的相对效率序列，对经济折旧和重置进行了严格界定，并且批评了丹尼森在这个问题上的前后不一致。与索罗、丹尼森等人的研究不同，乔根森对资本投入量的度量在部门层次间进行，并且明确区分了资本投入量和资本存量两个概念。我们容易发现，乔根森的度量方法与戈德史密斯相比更加谨慎和具体，但是由于受到统计数据的制约，其使用范围受到了较大限制。

可见，关于资本投入的核算国外研究历时较久，在核算的理论方法、统计数据以及核算体系等方面均已发展较为完善。目前国际上核算资本投入的通用方法仍是戈德史密斯（1951）的永续盘存法，如美国商务部在 20 世纪 70 年代就已运用永续盘存法对其年度资本存量进行了正式估算，此后大多数经济合作与发展组织（Organisation for Economic Co-operation and Development, OECD）国家均采用永续盘存法公布了官方资本存量数据。但是，对于中国而言，由于经历了计划经济到市场经济体制的转变以及从物质产品平衡表核算体系（system of material product balance，MPS）到国民账户核算体系（system of national accounts，SNA）的调整，极大地影响了我国资本投入统计工作的开展。因此，中国目前并没有官方公布的资本存量数据，这就需要研究者自行估算或者沿用前人的估算结果。自 20 世纪 90 年代以来，对中国资本投入进行核算及其相关研究成为经济学界的一个研究热点，并取得了丰富的研究成果。

关于中国资本投入核算的研究主要分为两类：第一类，也是绝大多数学者采用的，即利用戈德史密斯（1951）的永续盘存法对中国总量或分省份、分产业、分行业的资本存量进行估算，代表性研究如张军扩（1991）、贺菊煌（1992）、周（Chow，1993）、谢千里等（1995）、王小鲁和樊纲（2000）、张军和章元（2003）、张军等（2004）、郝枫（2006）、徐杰等（2010）、李宾（2011）、田友春（2016）等，并以资本存量作为资本投入的替代变量；第二类，部分学者们意识到应以资本品所提供的资本服务量而非资本存量作为资本投入项，因此借鉴乔根森（1963）的研究思路，利用拓展的永续盘存法对中国资本服务进行了估算，代表性研究如汪向东（1996）、孙琳琳和任若恩（2005a，2005b）、任若恩和孙琳琳（2009）、蔡晓陈（2009）、曹跃群等（2012，2013）。但是，由于受到原始统计数据的限制以及核算方法复杂性的影响，利用拓展的永续盘存法测度资本服务还未成为中国资本投入核算的主流方法。

总体而言，由于研究假设、具体估算方法的运用以及数据指标选取的不尽相同，包括基期资本存量的确定、历年资本投资序列的选取、折旧率的估算等，导致学者们核算的中国资本投入数据差异显著，影响了研究成果的可比性和科学性。因此，借鉴 OECD 国家资本投入核算的丰富实践经验，对资本核算的基础数据进行整理、公布，明确并统一中国资本投入核算体系进而形成系统权威的估算结果就显得十分必要。

二、公共资本投入核算

鉴于公共资本对经济增长的重要作用，很多发达国家均对政府所拥有的公共资本存量做了测算。例如，美国商务部经济分析署（Bureau of Economic Analysis，BEA）基于永续盘存法测算了 1925 ~ 2013 年美国全国层面私人部门和政府部门的物质资本存量，为相关研究提供了一套关于美国公共基础设施资本存量的完整官方统计数据；博斯金等（Boskin et al.，1987）、穆奈尔和库克（Munnell & Cook，1990）、霍尔茨·依金（Holtz-Eakin，1993）对美国各州以及地方政府所拥有的物质资本存量做了估算；伯恩特和汉松（Berndt & Hansson，1991）测算了 1960 ~ 1988 年瑞典的公共资本存量；坎普斯（Kamps，2006）则估算了 1960 ~ 2001 年 22 个 OECD 国家的公共资本存量数据。

在国内，伴随着 1998 年亚洲金融危机以来中国政府扩张性财政政策的有效实施，我国公共基础设施等公共资本存量显著攀升，公共资本的长期经济增长效应、对私人资本的挤出挤入效应以及区域配置问题成为学术界持续关注和研究的焦点。然而，上述研究越来越受到公共资本投入估算困难的制约，由于缺乏一套完整官方统计的中国公共资本投入数据，现有研究只能采取某些替代方法。例如，直接以历年公共部门固定资产投资额或政府预算内固定资产投资额等公共投资流量数据替代经济增长模型中的公共资本投入。但是，这种做法受到了不少学者的质疑。此方法虽然可操作性强并且数据误差小，但忽略了公共投资与公共资本的现实差异性。经济增长前沿课题组（2004）认为，发达国家的财政支出以转移支付为主，在经济流程中表现为带消费性的流量特征；发展中国家的财政支出则以形成生产性资本为主，在经济流程中表现为沉淀的资本存量供企业或社会使用，若在模型中仅考虑公共投资流量则无法分析公共资本存量的动态变化及其影响。张勇和古明明（2011）也指出，私人部门的投资决策可能既取决于新增公共投资，也可能取决于现有公共投资规模，即公共资本既有存量，这种存量往往反映现有基础设施的完善程度。因此，公共资本存量的估算则能更好地反映公共资本投入的历年累积过程及动态变化。

综观现有文献，关于中国资本存量估算的著述颇丰，从总量估算到分省份、分城乡、分产业、分行业估算均有学者深入探讨，但按资本性质测算公共资本存量的研究并不多见。首先，在研究对象上，多数文献是对中国历年总公共资本存量进行估算，代表性研究如马拴友（2000）、陈志国（2005）、缪仕国和马军伟（2006）、武普照和王耀辉（2007）、张勇（2010）等；或者根据研究需要只关注公共投资的部分行业，代表性研究如苑德宇和韩俊霞（2011）、金戈（2012）、张学良（2012）、胡李鹏等（2016），而陈贻娟等（2010）仅对云南省公共资本存量进行了估算，详细测算中国省际公共资本存量的研究十分有限。其次，在估算方法上，学者们基本达成共识并普遍采用戈德史密斯（1951）开创的永续盘存法（PIM），由此确定了公共资本存量估算的四个关键变量，即基期公共资本存量、当年公共资本投资序列、固定资产投资价格指数和资产折旧率。吴颖和蒲勇健（2008）、何刚和陈文静（2008）、苑德宇和韩俊霞（2011）、陈碧琼等（2013）均利用PIM估算了中国省际公共资本存量。其中，吴颖和蒲勇健（2008）利用PIM对1990～2005年中国31个省份的公共资本存量进行了简要估算，进而实证检验公共资本对区域经济增长收敛的影响；何刚和陈文静（2008）利用PIM对1994～2005年中国31个省份的公共资本存量和私人资本存量进行了简要估算，并对二者的产出弹性进行了分析和比较；苑德宇和韩俊霞（2011）利用PIM简要估算了1988～2007年中国29个省份的“硬”公共资本存量和“软”公共资本存量；陈碧琼等（2013）运用PIM估算了1980～2011年全国公共资本存量和1985～2011年中国29个省份公共资本存量。但是，上述部分文献的估算过程较为粗糙，对于各关键性指标的选取并没有作详细及谨慎的说明，并且在相关指标的处理及具体方法的运用上并没有达成统一意见。

第一，对于公共资本的范围界定，现有研究一般采取以下两种做法：一是从固定资产投资的资金来源上，以政府预算内固定资产投资或预算内财政投资中的基本建设支出部分作为公共资本投入，典型研究如张海星（2004）、廖楚晖和刘鹏（2005）、郭庆旺和贾俊雪（2006）、吴洪鹏和刘璐（2007）、何刚和陈文静（2008）以及王亚芬（2012）等。二是从固定资产投资方向上，按行业划分的方式估算公共资本存量，典型研究如李桢业和金银花（2006）、缪仕国和马军伟（2006）、苑德宇和韩俊霞（2011）、陈碧琼等（2013）等。对于前者而言，基于中国国情，政府预算内固定资产投资或财政投资并非完全进入公共部门，而政府预算外财政支出中很大一部分也被转为公共部门资本存量，再加上普遍关注的国有企业生产性投资问题，以政府预算内投资形成的固定资产衡量公共资本存量存在严重失真。对于后者而言，近年来一些原本被划分为公共部门的行业涌入部分私人资本，以行业划分来界定公共资本势必高估公共资本存量。

第二，在基期公共资本存量估算上，陈志国（2005）以基期公共资本投资额占同期全部固定资产投资比重再乘以基期总资本存量来近似估计基期公共资本存量，得出 1978 年全国公共资本存量为 3985.26 亿元；缪仕国和马军伟（2006）、何刚和陈文静（2008）、吴颖和蒲勇健（2008）、唐颖（2009）、张勇（2010）以及王亚芬（2012）等借鉴哈尔和琼斯（Hall & Jones，1999）的做法，假定资本效率符合几何递减规律，利用公式 $K_0 = I_0/(g+\delta)$，以基期公共资本投资额除以平均投资增速与平均折旧率之和求得基期公共资本存量。其中，缪仕国和马军伟（2006）估算出 1978 年全国公共资本存量为 157.17 亿元，张勇（2010）的估算值为 7176 亿元，而王亚芬（2012）的估算结果为 3784.9 亿元。金戈（2012）、马明（2013）、陈碧琼等（2013）参照张军等（2004）的假设，以基期公共资本投资额除以 10% 作为基期公共资本存量。

第三，在资本折旧率测算上，以往研究主要有以下两种做法：一是根据经验假定折旧率，如缪仕国和马军伟（2006）、何刚和陈文静（2008）、唐颖（2009）、苑德宇和韩俊霞（2011）、王亚芬（2012）、马明（2013）等均假定固定资产折旧率为 5%；陈志国（2005）认为公共投资原则上都是投向基础设施及公共部门，其折旧期间较长，并指出公共资本折旧率应为 5.5% 较为合理；吴颖和蒲勇健（2008）在公共支出增长率变化基础上设定折旧率为 9.8%。二是在几何相对效率模式下，假定资产的重置率和折旧率相等，利用残值率和资产寿命分别估算每类资产折旧，最终求得总资本的综合折旧率，这也是近年来诸多学者采用的方法。例如，黄勇峰等（2002）在估算中国制造业资本存量时，得到设备和建筑的经济折旧率分别为 17% 和 8%；张军等

(2004) 根据三类资产的使用寿命及资产所占比重，得到各省份固定资本形成总额的经济折旧率为9.6%；金戈（2012）沿用张军等（2004）的做法，计算得到我国基础设施资本综合折旧率为9.2%；胡李鹏等（2016）认为基础设施的使用寿命更长，折旧率应低于一般资本的折旧率，并以建筑安装工程的折旧率6.9%作为基础设施折旧率。

总体而言，由于公共资本概念、口径的界定差异以及估算指标选取的不同，再加上统计口径变更和资本相关数据缺失，中国公共资本存量估算的结果存在较大差异并且不具有可比性，从而对经济增长理论研究的可靠性带来很大影响。理论上估算的滞后以及估算结果的显著差异实际暗含着公共资本投入估算工作需要进一步探索的推论。因此，合理界定并谨慎测算公共资本存量，为后续研究铺平道路，就成为当前极为迫切解决的问题。鉴于现有研究在相关指标选取以及具体估算方法运用上的差异，关于公共资本投入核算仍存在值得进一步探讨之处，主要表现在：第一，忽略了资产折旧率的相对变化。现有研究大多根据经验假定折旧率，或对不同资产采用几何或双曲相对效率模式下的综合折旧率。上述做法虽易于操作却不能反映资产随使用年限增加所导致的折旧率变化。实际上，曹跃群等（2012，2013）、吴明娥等（2015）的研究已经表明，钟形退役模式和随时间变化的差异折旧率更符合资产退役轨迹的现实。第二，忽略了资本品的相对效率模式。正如孙琳琳和任若恩（2005a）、单豪杰（2008）所指出的那样，资本存量和生产性资本存量不是一个相同的概念。资本存量是以扣除资产在使用过程中的折旧表示现行市场价格下的实际价值，即按照价格进行折算；而生产性资本存量进一步考虑了资产服务能力或效率随使用年限的增加而下降，即按照效率单位进行折算，应该是生产分析中使用的概念。大多研究由于忽略了资本存量与生产性资本存量的现实差异性，仅仅估计了折旧数量。因此，我们很有必要重新审视已有的研究文献，进而以符合PIM的方法估算生产性公共资本存量。

三、公共资本投入与经济增长

自20世纪60年代以来，公共资本投入对经济增长的影响及其作用机制，一直是经济学界的一个重要研究内容（贾俊雪等，2006）。国内外学者从理论和实证两方面对此进行了深入探讨。根据研究结论可将现有文献分为三类。

一是认为公共资本投入促进了经济增长。例如，阿罗和库尔茨（Arrow &

Kurz, 1970）最早将公共资本存量纳入新古典增长模型框架进行考察，他们认为即使没有外生技术进步，生产性公共资本投资的引入也能实现经济的长期增长；阿肖尔（Aschauer, 1989）以美国1949～1985年时间序列为样本，研究发现公共资本的产出弹性为0.39，并指出美国1970～1985年间全要素生产率（total factor productivity, TFP）的下降应归咎于公共资本增速的降低；巴罗（Barro, 1990）基于单部门的内生增长模型分析公共投资对经济增长的影响，认为公共投资能使经济产生持续的内生增长；傅塔佳美（Futagami, 1993）在巴罗模型的基础上进一步扩展，发现各国公共基础设施投资对经济增长具有积极的拉动作用；伊斯特利和瑞伯罗（Easterly & Rebelo, 1993）根据28个国家1970～1988年的面板数据，实证发现政府在交通、通信等方面的投资促进了经济增长；马拴友（2000）利用生产函数框架研究认为公共资本对市场化部门具有很强的正外部性，其产出弹性大约为0.55；盐尻（Shioji, 2001）以美国和日本为研究对象，发现美国、日本的公共基础设施投资对区域人均产出增长均具有正向效应；娄洪（2004）从外生和内生公共基础设施资本动态模型两个方面考察了公共基础设施资本促进长期经济增长的动力机制；王任飞和王进杰（2007）利用我国1952～2003年数据实证得出，主要基础设施都与总产出、经济结构变动等经济变量构成了长期均衡关系，在基础设施与经济增长的互动关系中，基础设施促进经济增长居于主导地位；卡尔德隆和凯撒（Calderon & Cesar, 2009）以136个国家1960～2005年数据为样本，研究发现基础设施投资对非洲国家经济增长产生了积极影响；水谷隼和田中（Mizutani & Tanaka, 2010）研究发现，日本46个州1975～1990年公共基础设施资本有助于提高经济增长，并且政治因素如政治形势对公共投资发挥其功能有着显著的影响；刘生龙和胡鞍钢（2010）基于一个巴罗内生增长模型以及对该模型进行分解，实证检验了中国省际交通基础设施投入对中国经济增长的影响，同时考察了交通基础设施投入在中国区域经济差距中所扮演的角色，结果表明交通基础设施对中国经济增长有着显著的正向促进作用；安德烈斯等（Andres et al., 2012）实证研究发现，希腊1978～2007年公共投资对区域经济增长具有长期的积极影响；张学良（2012）通过构建交通基础设施对区域经济增长的空间溢出模型，发现中国交通基础设施对中国区域经济增长具有重要作用且空间溢出效应显著；张浩然和衣保中（2012）利用我国266个城市空间面板，采用杜宾模型分析表明城市通信基础设施和交通基础设施都提高了本地区的全要素生产率；陈和海恩斯（Chen & Haynes,

2013）以美国东北 1991 ~ 2009 年数据为样本，发现公路、铁路和公共运输等三种公共交通基础设施对区域经济增长具有显著正向影响。

二是认为公共资本投入对经济增长的拉动作用不明显甚至为负。阿肖尔和格林伍德（Aschuauer & Greenwood，1985）研究表明，当公共投资与区域发展不相适宜时，会导致税收增加，降低投资的收益率，挤出私人投资，进而降低该区域经济增长速度；德瓦拉贾等（Devarajan et al.，1993）利用 69 个发展中国家 1970 ~ 1990 年数据，构建单部门新古典增长模型进行经验分析，发现资本、交通和通信、保健和教育等支出与经济增长或是负相关，或是不相关；埃文斯和卡拉斯（Evans & Karras，1994）以美国 48 个州 1970 ~ 1986 年数据为样本，实证发现除了公共投资中的教育投资对经济增长具有显著的积极效应外，其他公共投资对经济增长的效应不明显甚至为负效应；纳迪里和马姆尼斯（Nadiri & Mamuneas，1994）分析了美国政府基础设施建设和 R&D 支出对 12 个制造行业 TFP 增长率的影响，结果表明政府基础设施建设和 R&D 支出不是提高这些行业 TFP 增长率的主要因素；伯拉特等（Boarnet et al.，2000）研究认为，公共基础设施投资并不会引起净产出的增加，仅仅对经济活动进行分配；米尔本等（Milbourne et al.，2003）基于索罗—斯旺增长扩展模型研究发现，在稳态模型中，公共投资对人均产出没有显著影响，而在趋于稳态的模型中，公共投资对经济增长的贡献不显著；庄子银和邹薇（2003）认为我国公共支出过程中大量“调整成本”的作用使得公共支出对经济增长的总体效应下降，甚至出现负效应；付文林和沈坤荣（2006）利用协整分析方法研究发现，中国公共支出比率与实际经济增长率之间存在反向变动关系；密特拉（Mitra，2006）利用 SVAR 模型实证发现，1969 ~ 2005 年印度公共投资对私人投资具有挤出效应，对经济增长也存在负面影响；武少芩（2011）利用分税制以来中国省际面板数据实证研究发现，中国基础设施建设、教育、卫生和医疗三项公共投资与经济增长之间没有显著相关性；盐尻（Shioji，2012）通过建立时变 VAR 模型发现，公共投资对产出的影响具有下降趋势，而公共投资挤出私人投资的影响却越来越明显。

三是认为公共资本投入对经济增长的作用不确定。巴罗（Barro，1990）将公共投资纳入企业生产函数得到一个使经济效应最大化的最优公共投资规模，结果表明，当公共投资低于最优规模时，其对经济增长具有积极作用，当公共投资高于最优规模时，其对经济增长具有负面影响；特诺斯基和费希尔（Turnovsky & Fisher，1995）利用中央计划者模型分析指出，公共资本投入对经济增长的影响存在着两种相反的效应，最终的影响取决于这两种效应的大小关系；德瓦拉贾等（Devarajan et al.，1996）基于43个发展中国家1970～1990年数据实证发现政府在交通、通信等方面的投资抑制了经济增长，而以21个发达国家1970～1990年数据实证发现生产性公共支出投资对经济增长又具有促进作用；德叙和赫雷拉（Dessus & Herrera，2000）研究认为公共投资对长期经济增长具有正向作用，但当公共投资过度时则表现为抑制经济增长；格洛姆和瑞威库马尔（Glomm & Ravikumar，1997）基于VARMA模型研究发现，短期内公共资本对产出和私人资本没有作用，长期内会对私人资本存在较大影响，这来自公共资本的反馈效应；弗纳尔德（Fernald，1998）分析了美国高速公路投资增长对运输密集行业的影响，发现类似于高速公路建设的基础设施投资只能短暂地提高经济增长率，而超过饱和点的基础设施建设对于经济增长率的刺激作用将大大下降；曹建海等（2005）利用向量误差修正模型实证研究发现，在长期和短期内公共投资对经济增长均具有促进作用，但也发现公共投资对私人投资具有明显的挤出效应，从而对经济增长具有一定的消极影响；郭庆旺和贾俊雪（2006）通过建立包含政府公共资本投资的两部门内生增长模型研究发现，公共物质资本投资和公共人力资本投资对长期经济增长都可能具有正效应也可能具有负效应，取决于民间经济主体消费跨时替代弹性的大小；武普照和王耀辉（2007）基于内生增长理论框架分析认为，公共投资通过提高私人投资回报率促进经济持续稳定增长，实证研究发现中国公共投资对经济增长具有积极的推动作用，但在统计上不显著；卡瓦洛和都德（Cavallo & Daude，2011）以116个发展中国家1980～2006年数据为样本，研究发现公共投资对私人投资的挤出效应大于挤进效应，但又受贸易开放等其他因素影响；王芳杰（2012）将中国公共投资分成四类实证研究发现，基础建设、教育和科技事业投资对经济增长的作用更为显著，产出弹性均在0.3左右，政府机构和社会团体投资产出弹性仅为0.04，对经济增长的促进作用比较微弱，而卫生体育和社会福利公共投资则对经济增长具有抑制作用。

综上所述，相关理论研究大多认为公共资本投入对经济增长具有促进作用，但实证研究却发现公共资本投入并不一定总能促进经济增长，且经济发展水平不同的国家公共资本投入对经济增长的影响差别也较大。种种说法，莫衷一是。可见，由于研究方法、研究对象以及考察数据的不同，学者们对公共资本投入的经济增长效应远未达成一致看法，但大多还是强调了公共资本投入在经济增长中的重要作用。问题在于，上述文献中大多是将公共投资流量直接纳入生产函数，这种做法解释的经济现象十分有限（娄洪，2004）。正如张勇和古明明（2011）指出的，在西方经典假定下，公共投资主要是非生产性的，直接进入计量模型即使有统计上的意义，也无实际经济意义，很多研究由于忽略了流量和存量的区别，基于流量指标对公共资本投入与经济增长的相关关系进行分析，导致理论假定和现实严重不符，因为私人部门的投资决策可能既取决于新增公共投资，也可能取决于现有公共投资规模，即公共资本既有存量，这种存量往往反映现有基础设施的完善程度。由此说明，若在模型中仅考虑公共投资流量则无法全面反映公共资本投入的经济增长效应。即使部分文献将公共资本存量纳入生产函数进行了分析，但其中对公共资本存量的估算均略显粗糙，对各关键性指标的选取也没有作详细及谨慎的说明。并且，我们应该注意，纳入生产函数的不应当是整个公共资本存量，而应当是实际参与生产过程的公共资本投入量（Glomm & Ravikumar，1994）。因此，在谨慎估算中国公共资本投入的基础上，将公共资本投入量纳入生产函数，实证研究中国公共资本投入对经济增长的影响就显得十分必要。

另外，现有研究大多仅仅关注了公共资本投入是否存在生产效应，而没有考虑公共资本投入对经济增长的空间溢出效应，从而忽略了公共基础设施可能会使当地的经济活动转移到其他地区（Boarnet，1998；Cantos et al.，2005；张学良，2012）。公共基础设施将各个区域的经济活动连成整体，通过扩散效应使经济增长较快地区带动增长较慢地区的经济发展，从而表现出正的空间溢出效应；同时，公共基础设施也可能通过集聚效应使生产要素更方便地流向经济发达地区，导致一个地区的经济发展可能会以其他地区的经济衰退为代价，从而表现出负的空间溢出效应。因此，从空间溢出的视角研究公共资本投入对区域经济增长的作用，还需做进一步的探讨。随着空间经济学理论研究的深入以及空间计量经济学的快速发展，为我们基于空间视角研究公共资本投入与经济增长的关系提供了新的思路和方法。

四、资本投入效率

国内外分析资本效率的文献很多，这里侧重归纳以资本存量作为资本投入指标来分析资本效率的一些重要研究。夏阳和胡翊竑（2000）首先基于永续盘存法估算中国物质资本投入量，然后分别采用资本产出比和增量资本产出比两个指标衡量中国资本效率，研究认为，尽管资本投入对我国经济增长有很大的贡献，但这种贡献主要是通过资本投入总量的增加来实现的，在长期内资本效率却没有明显的提高，资本效率提高对经济增长的贡献也就微乎其微；张军（2002a）发现改革开放以来中国资本产出比与经济增长存在显著负相关关系，中国经济增长率在近年来的持续下降可以由资本形成过快从而投资收益出现持续恶化来解释；李治国和唐国兴（2003）在谨慎估算1978~2000年中国资本存量的基础上通过资本产出比指标考察资本形成路径，发现增量改革推动的配置效率改进使资本产出比在1994年之前持续下降，而近年来的资本形成过快是由于经济增长越来越倚重资本深化；沈坤荣和孙文杰（2004）从金融发展视角分析资本形成水平、投资效率、储蓄向投资转化效率以及由此产生的宏观经济波动，利用投资回报率、资本产出比、非国有经济投资比例等指标反映投资效率，研究认为投资效率低下进而全要素生产率不高是影响宏观经济波动的重要因素；林仁文和杨熠（2013）采用时变经济折旧率重新估算1952~2010年中国资本存量，然后利用资本回报率指标对我国资本投资效率进行了研究，发现1978~2007年中国宏观资本回报率呈长期上升趋势；窦义海（2014）利用资本产出比对中国公共资本的经济效益展开了分析，研究发现全国和绝大多数省份的公共资本产出比逐步提高，公共资本的产出效益在逐渐降低，各地区的公共资本利用水平在不断降低。

可见，上述文献大多选用资本产出比、增量资本产出比、资本回报率等宏观经济指标来衡量资本投入效率。但是，这些指标仅仅考虑了资本与产出两个变量，并没有考虑到劳动投入、技术进步等其他因素以及经济结构变动对资本投入效率的影响。近年来，学者们开始利用非参数规划方法——数据包络分析（data envelopment analysis，DEA）和参数回归方法——随机前沿分析（stochastic frontier analysis，SFA）对效率进行测度。鉴于政府在中国国民经济中的核心地位，现有文献从政府或其特定公共部门出发，对政府公共支出效率展开了广泛研究。例如，艾克奥特等（Eeckaut et al.，1993）较早地将非参数边界分析方法应用于政府支出效率研究，利用FDH和DEA两种非参数边界方法核算了比利时235个城市的市政支出效率；陈诗一和张军（2008）利用DEA非参数技术和受限Tobit模型，核算财政分权改革后中国省级地方政府财政支出的相对效率，结果显示，中国大部分省级政府支出都不是很有效率，东部、中部地区的政府支出效率相对较高且相差不大，西部地区与之相比则低很多；高学武和张丹（2013）通过构建包含经济增长效应的地方政府支出指标体系，基于 DEA 对中国地方政府支出效率进行了再考察。

但是，公共支出作为各级政府履行其必要职能所进行的各项活动成本以及为实现收入分配而进行的转移支出，按经济性质可将其分为公共消费性支出和公共投资性支出（Kormendi & Meguire，1985；Aschauer，1989；Barro，1990；Fischer，1993）。由于政府消费与政府资本积累（如基础设施建设）对经济增长的作用机制和影响存在差异（Aschauer，1989；Barro，1990），以政府公共支出为研究对象无法区分政府消费性支出与政府投资性支出的效率差异，并可能在政策建议上产生误导。同时，现有文献大多以“公共服务最大化”作为行为目标研究公共支出效率，这对于我国财政分权体制下形成的地方政府“标尺竞争”现状并不完全适用，无论是“标尺竞争”带来的财政激励还是政治激励，最终都表现为地方政府以追求“产出最大化”为目标（范子英和张军，2009）。因此，将研究方向从公共支出转移到地方政府在公共领域投资形成的公共资本上，基于投入产出绩效视角对我国省际公共资本投入效率展开研究就显得十分必要。

事实上，近年来，以库马尔和拉塞尔（Kumar & Russell，2002）、林毅夫和刘培林（2003）、洛斯和蒂默（Los & Timmer，2005）、杨文举（2006，2011）等为代表的一组研究已在经济增长与资本投入效率相结合方面进行了尝试。这些研究借助 DEA 或 SFA 将劳动生产率来源分解为技术效率、技术进步和资本投入效率变化三部分，据此讨论各部分对经济增长的影响以及中国地区差距的原因。其中，库马尔和拉塞尔（Kumar & Russell，2002）用非参数方法构造了世界生产前沿，并将 1965 ~ 1990 年 57 个国家劳动生产率的增长分解为技术进步、技术效率变化和资本积累三大贡献，并据此讨论经济增长的收敛性；林毅夫和刘培林（2003）通过改进 DEA 方法将中国省际劳均 GDP 增长分解为技术效率变化、技术进步和劳均资本积累三个因素的贡献，在此基础上检验了经济发展战略对资本积累和技术进步的影响；杨文举（2006）运用 DEA 方法将 1990 ~ 2004 年中国省际劳动生产率分解成技术效率、技术进步和资本深化三个部分，并通过相对趋同测试探讨了中国地区差距的演化历程及其背后的原因；杨文举（2011）通过构建基于 DEA 的绿色经济增长核算模型，将考虑非期望产出的劳动生产率变化分解为技术效率变化、技术进步和资本深化，并据此判断中国省际工业增长源泉。亨德森和拉塞尔（Henderson & Russell，2005）、吴建新（2009）、匡远凤（2012）还将人力资本积累从要素积累中分离出来，对劳动生产率进行了四重分解。吴建新（2009）运用DEA方法将1982～2005年中国地区劳均产出增长分解为效率、技术、物质资本和人力资本积累贡献四个部分，据此分析各部分对地区劳均产出增长率和水平差异的影响；匡远凤（2012）运用SFA方法将农业劳动生产率变化分解为农业技术效率变化、技术进步、物质性要素投入变化和人力资本积累四个来源，分析了它们对中国农业经济增长的影响。可见，上述文献除了匡远凤（2012）是对我国农业劳动生产率进行分解外，其他学者均以总量经济作为研究对象，鲜有文献对中国公共资本积累的动态变化进行全面而细致的考察，从而为我们研究公共资本投入效率提供了一个新的视角。

五、财政分权与经济增长

改革开放以来，中国经济实现了举世瞩目的高速增长。在这30多年中国经济高速发展的过程中，地方政府的基础设施建设等公共投资发挥了举足轻重的作用（张军等，2007）。这些公共投资不仅带动了相关行业的发展，还创造了良好的投资环境，吸引了大量的外商直接投资，并为中国私人经济的发展奠定了良好的基础（王永钦等，2015）。地方政府的公共投资在中国经济发展中所起到的关键作用，已经得到诸多学者的广泛关注。但是，现有文献大多忽略了一个重要问题，那就是中国的财政体制是否会影响地方公共投资，尤其是在1994年的分税制改革之后，中国财政分权制度的进一步完善又会给地方公共资本投入效率带来何种影响？

新中国成立以来，中国的财政体制大致可以划分为三个阶段：从改革开放前的中央集权型统收统支体制，到1978～1993年实行的行政分权型财政包干体制，再到1994年之后进一步实行的中央与地方政府分税体制（Jin et al.，2005；张晏和龚六堂，2005；陈诗一和张军，2008；范子英和张军，2009）。中央集权型统收统支体制在中华人民共和国成立初期对于调动全国资源集中解决经济困难起到了很大重要，但后期其弊端开始显现，因此1978年中央开始调整中央和地方的权力利益分配，实行行政分权型财政包干体制，但并没有从根本上解决地方政府的激励问题，直到1994年开始在全国范围内推广分税制改革，在“统一税法、公平税负、简化税制、合理分权”的基本原则下，划分中央税、地方税和共享税，分设国税、地税两大征收机构，明确中央和地方的事权和支出范围，并在后期不断调整税种、税率，逐步形成规范的财政体制。可以说，中国的财政体制改革是中央政府由集权和收权不断向地方政府分权和放权的过程。不少学者从分权视角对中国的经济增长奇迹做出了解释："中国式"分权体制带来的财政激励以及政治上的"标尺竞争"极大地调动了地方政府发展经济的积极性，促使地方政府大力进行公共投资，以此吸引私人资本，从而推动地方经济增长和转型（Jin et al.，2005；傅勇等，2007；张军等，2007）。那么，财政分权在促进地方公共资本投资数量增长的同时是否提高了公共资本的投入效率呢？

从分权文献的源头看，能够提升公共品的供给效率是分权理论的出发点（傅勇，2010）。例如，蒂布特（Tiebout，1956）作为第一个将竞争引入地方政府行为进行分析的经济学家，认为自由流动的居民根据自身公共服务偏好在不同辖区进行"用脚投票"可以使辖区地方政府的公共品供给实现帕累托最优，从而提高公共服务的经济效率，蒂布特模型也成为公共经济学分权理论研究的基准模型。由于各地居民对公共品的需求和偏好具有差异，中央政府提供的公共品无法满足这种异质性，地方政府具有的信息优势使得其公共品供给效率更高（Stiglitz & Dasgupta，1971；Oates，1972）。财政分权促使地方政府更有激励加大基础设施投资，这直接促进了地方经济增长（Oates，1985）。马洛（Marlow，1988）和罗兰（Rowland，2001）也认为，地方政府会在公共品供给与不同居民的需求和偏好之间提供更好的匹配，这样的结果又会反过来促使地方政府变得更加有效和民主。总体来看，继蒂布特（1956）之后的主流公共经济学坚持了财政分权能够促进公共品供给效率的结论。

但近年来，分权研究领域越来越关注财政分权带来的负面效应，以此反思发展中国家并不能令人满意的分权实践成果（Keen et al.，1996；Triesman，2000；Bardhan，2002；Bucovetsky，2005；Cai et al.，2005）。越来越多的学者发现，蒂布特模型所描述的机制在中国并不完全适用（傅勇，2010），从而将研究方向转变到财政分权体制对中国经济增长影响的实证研究上。马（Ma，1997）、林和刘（Lin & Liu，2000）、乔宝云（2002）、张晏和龚六堂（2005）的研究都支持中国的财政分权促进了经济增长；中国良好的基础设施被认为是分权体制下"为增长而竞争"的结果（张军等，2007）；周业安和章泉（2008）实证研究发现1994年后财政分权对经济增长的促进作用十分显著。当然，部分研究也得出了相反的结论。张和邹（Zhang & Zou，1998）研究发现财政分权更有利于地方经济增长的传统观点是不成立的，特别是在过度分权时期（1985～1989年）更加明显，他们认为转型国家在经济发展的早期，由中央政府集中有效的财力加大基础设施建设可能更有利于经济增长；陈抗等（2002）则认为中国的财政分权体制，尤其是1994年的分税制改革，使得地方政府从“援助之手”变为“攫取之手”，进而损害经济效率；王文剑等（2007）认为财政分权体制导致地方政府之间恶性竞争，地方政府对经济资源的过度竞争可能导致不利于地区经济增长的结果。种种说法，莫衷一是。因此，财政分权是否提高了中国公共资本投入效率还有待进一步的实证检验。

第二节　理论基础

一、公共产品理论

公共产品理论的萌芽最早可以追溯到霍布斯（Hobbs，1651）在《利维坦》一书中论证了国家维护社会和平，抵御外敌侵略的职能。林达尔（Lindahl，1919）在其博士论文《公平税收》中最早使用了“公共产品”（public goods）一词。萨缪尔森（Samuelson）自1954年以来，在《公共支出的纯理论》《公共支出理论的图解》两篇论文和《经济学》（*Economics*）一书中，界定并不断完善了公共产品概念，他认为增加一个人的消费并不影响其他人消费的产品就是公共产品。设公共产品总量为 X，任一消费者消费的公共产品数量为 X_i，则有 $X = X_i$ 表示公共产品在多个消费者之间是不可分割的；无论消费者是否为公共产品付费，都无法排除任一消费者对公共产品的消费，即公共产品的消费具有非排他性；对于任一公共产品，增加一个人的消费不会增加生产公共产品的边际成本，也不会增加消费公共产品的边际拥挤成本，即公共产品具有非竞争性。

布坎南（Buchanan，1965）在《俱乐部的经济理论》一文中提出了“俱乐部产品理论”，他认为萨缪尔森（Samuelson，1954）所定义的公共产品是“纯公共产品”，而现实社会中大量存在的是介于公共产品与私人产品之间的“准公共产品”。俱乐部产品是典型的“准公共产品”，即一个由若干责任、权力相同的成员组成的俱乐部提供的、由俱乐部全体成员共同消费的产品；俱乐部产品的配置效率，由俱乐部产品的最优供给量和俱乐部最优成员数共同确定。设俱乐部成员的个人效用函数为：$\max U^i(Y^i, X, S)$，其中，Y^i 为第 i 个人对私人产品的消费，X 为俱乐部产品，S 是俱乐部成员规模。俱乐部产品的最优供给量，是以 Y 计算的 X 的边际成本等于以 Y 计算的消费 X 时的边际收益。俱乐部最优成员数，是俱乐部产品最优供给量的消费，带给俱乐部任一成员的边际收益与边际成本相等条件下的俱乐部成员数。

另外，奥尔森（Olson，1965）、德姆塞茨（Demsetz，1970）、科斯（Coase，1974）也对公共产品进行了重要研究，推动了公共产品理论的演进与发展。综观经济学家们关于公共产品的表述，除了布坎南（Buchanan，1965）之外，其他经济学家都是从公共产品的某一个或数个特征界定公共产品的。据此归纳，公共产品具有三个基本特征，即公共产品的消费具有不可分割性、非排他性和非竞争性。因此，依据是否具有排他性、竞争性特征，可将产品区分为私人产品和公共产品；依据非排他性、非竞争性特征的程度，可将公共产品区分为纯公共产品、准公共产品。纯公共产品应该由政府通过公共财政支出，组织生产并向社会提供。准公共产品一般由公共部门与私人部门联合供给，可以由私人部门生产，政府购买并供给；也可以由私人部门生产并供给，政府给予生产者或消费者以补贴；也可以由政府授权私人部门，在一定期限内生产并按市场价格向社会供给，期满后交回政府，并由政府向社会供给。

二、公共支出理论

公共支出是指中央和地方各级政府，为了实现国家的政治、经济、社会、文化职能，满足社会公共需要，向社会提供公共产品所支出的公共费用总和，亦被视为履行国家职能支付的成本。公共支出的规模和结构直接反映政府公共政策的取向，也是满足公共需要的资源配置活动。这里我们主要介绍美国经济学家巴罗的最优公共支出理论。巴罗（1990）以资本回报率不变为假设条件，研究了最优公共支出规模和最优公共支出结构问题。

（一）最优公共支出规模

假设 k 表示包括人力资本和物质资本的广义资本；g 为公共支出，y 为社会总产出，则 g/y 表示公共支出规模；A 和 α 为常数。在资本回报率即资本投入的规模收益不变的条件下，生产函数为：

$$y=f(k,g)=Ak^{\alpha}g^{1-\alpha},0<\alpha<1 \tag{2.2}$$

又设 c 表示消费；σ 表示相对风险回避系数，即消费者对未来风险的厌恶程度，σ 越大则消费者对未来风险的厌恶程度越大；ρ 表示主观贴现率，即消费者对未来消费的偏好程度，ρ 越小则消费者越偏好于当前消费；T 表示公共收入，并假设公共收入全部来自税收；τ 表示不变的比例税率；γ 表示消费增长率。在理性经济人假设条件下，消费者以实现效用最大化为消费决策目标，则社会最大福利水平为：

$$\max_{c}\int_{0}^{+\infty}\frac{c^{1-\sigma}-1}{1-\sigma}e^{-pt}dt \tag{2.3}$$

$$s.t.\ \dot{k}=(1-\tau)Ak^{\alpha}g^{1-\alpha}-c \tag{2.4}$$

在以公共财政预算平衡为目标、以税收作为公共收入全部来源时，公共支出融资的预算约束方程为：

$$g=T=\tau y=\tau Ak^{\alpha}g^{1-\alpha} \tag{2.5}$$

对式（2.3）求最优解，得消费增长率 γ 对公共支出规模 g/y 的函数：

$$\gamma=\frac{\dot{c}}{c}=\frac{(1-g/y)\alpha A^{1/\alpha}(g/y)^{(1-\alpha)/\alpha}-\rho}{\sigma} \tag{2.6}$$

假设影响经济增长率的其他因素不变，即经济处于平稳增长状态时，消费增长率 γ 代表经济增长率。因此，式（2.6）也表示经济增长率对公共支出规模 g/y 的函数。对式（2.6）求导得出，经济增长率极大时的最优公共支出规模为 $g/y=1-\alpha$。公共支出规模与经济增长率之间存在倒“U”形关系，如图 2-1 所示。

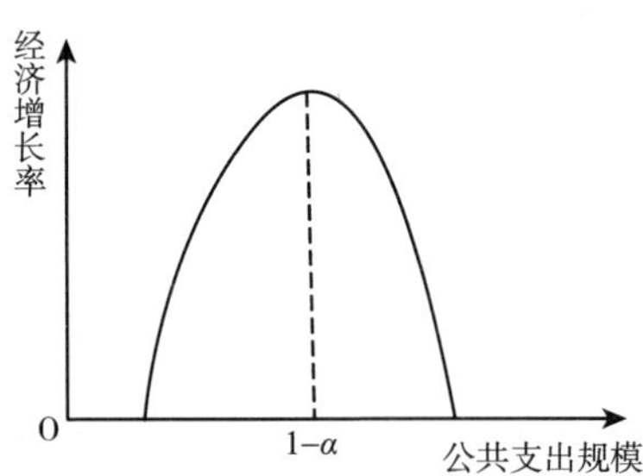

图 2-1　最优公共支出规模

图2－1显示，当 $g/y<1-\alpha$ 时，经济增长率随着公共支出规模的增大而增大；当 $g/y=1-\alpha$ 时，经济增长率最大；当 $g/y>1-\alpha$ 时，经济增长率随着公共支出规模的增大而降低。这是因为，公共支出规模越大，资本的边际回报率越高，经济增长率越高；但是公共支出规模越大，相应的税率越高，又降低了资本的边际回报率。当 $g/y<1-\alpha$ 时，公共支出规模比较小，税率稳定，公共支出规模的扩大，对经济增长具有促进作用；当 $g/y>1-\alpha$ 时，公共支出规模比较大，必须相应地提高税率，公共支出规模的扩大，对经济增长具有遏制作用。

（二）最优公共支出结构

公共支出包括生产性公共支出和消费性公共支出。生产性公共支出是对生产具有产出正效应的公共支出；消费性支出是指对社会福利水平具有正效应的公共支出。公共支出结构是指生产性公共支出与消费性公共支出的比例关系。

假设 g_1、g_2 分别表示生产性公共支出和消费性公共支出；β 表示消费者对消费性公共支出的偏好；ϕ 表示公共支出中生产性公共支出所占比例，满足 $0<\phi<1$。则有：

$$g_1=\phi g \tag{2.7}$$

$$g_2=(1-\phi)g \tag{2.8}$$

生产性公共支出为 g_1 时的产出函数为：

$$y=f(k,g_1)=Ak^{\alpha}g_1^{1-\alpha},0<\alpha<1 \tag{2.9}$$

在理性经济人假设条件下，消费者以实现效用最大化为消费决策目标，则社会最大福利水平为：

$$\max_{c}\int_{0}^{+\infty}\frac{(c^{\beta}g_2^{1-\beta})^{1-\sigma}-1}{1-\sigma}e^{-pt}dt,0<\beta<1 \tag{2.10}$$

$$s.t.\ \dot{k}=(1-\tau)y-c \tag{2.11}$$

在实行财政平衡预算时，政府通过征税为公共支出融资时的预算约束方程为：

$$T=\tau y=g=g_1+g_2 \tag{2.12}$$

对式（2.10）求最优解，可得消费增长率 γ 对生产性公共支出规模 ϕ 的函数：

$$\gamma = \frac{\dot{c}}{c} = \frac{(1-\tau)\alpha A^{1/\alpha}(\phi\tau)^{(1-\alpha)/\alpha} - \rho}{\sigma} \tag{2.13}$$

当经济处于平稳增长状态时，消费增长率和经济增长率保持相等且不变，消费增长率 γ 同时代表着经济增长率；式（2.13）也同时表示经济增长率对生产性公共支出规模 ϕ 的函数。对式（2.13）求导得：

$$\frac{d\gamma}{d\phi} = \frac{(1-\tau)(1-\alpha)A^{1/\alpha}(\phi\tau)^{(1-\alpha)/\alpha}}{\sigma\phi} \tag{2.14}$$

由式（2.14）可知，$d\gamma/d\phi > 0$，表示经济增长率与生产性公共支出规模 ϕ 正相关，即生产性公共支出占公共支出总额的比例越高，经济增长率也越高。这是因为，生产性公共支出可以提高资本的边际回报率；而消费性公共支出，不会影响资本边际回报率。生产性公共支出占公共支出总额的比例越高，资本边际回报率越高，经济增长率也越高。

三、财政分权理论

美国经济学家蒂布特于 1956 年发表《地方公共支出的纯理论》一文，标志着财政分权理论的兴起。财政分权理论经过半个多世纪的发展，先后经历了传统财政分权理论和第二代财政分权理论。

传统财政分权理论的代表人物为蒂布特（Tiebout）、马斯格雷夫（Musgrave）和奥兹（Oates）。蒂布特（1956）指出，居民流动的“用脚投票”机制能够保证公共物品和居民偏好更好地匹配，同时分权下的地方竞争也能激励地方提高公共物品的供给效率。蒂布特模型首次将竞争引入政府部门，从而成为公共经济学的基准模型。此后，马斯格雷夫（1959）针对中央政府与地方政府职能给出了明确的划分框架，并指出只有税收和支出责任相对应时，分权才能够改善公共福利。奥兹（1972）的《财政联邦主义》（*Fisal Federalism*）一书的问世，标志着第一代财政分权理论的正式形成。奥兹从成本和收益的角度讨论了分权问题，并且提出了著名的分权定理：分权供给公共产品的最优边界在于差异化供给所带来的边际收益与所伴随的外部性的边际成本相等之处。

第二代财政分权理论也被称为第二代财政联邦主义理论，即“市场维持型的财政联邦主义”，其研究重心由如何在政府间合理安排公共产品的供给责任转向了财政分权体制下地方政府行为以及如何激励地方政府推动转型和增长，代表人物为蒙蒂诺拉（Montinola）、钱颖一、温格斯特（Weingast）、麦金农（Mckinnon）、内希巴（Nechyba）等。随着公共选择理论的兴起，第二代财政分权理论反对传统财政分权理论的“仁慈型政府”的核心假设，借鉴公共选择理论“理性人政府”的假定，并将企业理论和微观经济学理论引入财政学，其理论立足点为：一个高效率的市场来自一个好的政府结构，政府行为既要有效果，也要受到约束。在构造政府治理结构时要考虑到相应的激励机制，提供维护市场效率的支持性的政治系统。该理论的核心在于地方政府的财政激励，认为财政激励为地方政府积极促进经济增长奠定了坚实的经济动机基础。

由于蒂布特模型所描述的机制在发展中国家并不能很好地运作，中国式财政分权则是在传统财政分权理论的基础上更加注重地方官员的激励与行为选择对政府职能取向以及经济社会运行产生的影响。与“市场维持型联邦主义”不同的是，周黎安、张军等学者以布兰卡德等（Blanchard et al.，2001）的研究为基础，认为中国政治集权下地方官员“为晋升而增长”“为增长而竞争”及其展开的“晋升锦标赛”是中国经济取得成功的重要原因。因此，政治激励是理解地方政府激励与经济增长的关键线索，是超越财政激励之外的更根本的激励力量。在上述研究的基础上，傅勇和张晏（2007）明确提出中国式分权的概念，指出经济分权同垂直的政治管理体制紧密结合是中国式分权的核心内涵，以 GDP 增长为主要考核内容的政治晋升激励诱使地方政府以经济增长为首要职能，是地方政府支出结构“重建设、轻服务”的激励根源。

第三节　本章小结

本章将研究的重点集中于公共资本投入国内外相关研究现状和理论基础两个方面。从国内外研究现状看，在资本投入核算方面，国外研究历时较久，在核算的理论方法、统计数据以及核算体系等方面均已发展较为完善，但中国目前并没有官方公布的资本存量数据。由于研究假设、具体估算方法的运用以及数据指标选取的不尽相同，导致学者们核算的中国资本投入数据差异较大，影响了研究成果的可比性和科学性。在公共资本投入核算方面，在研究对象上，多数文献是对中国历年总公共资本存量进行估算，或者根据研究需要只关注公共投资的部分行业，详细测算中国省际公共资本存量的研究十分有限；在估算方法上，学者们基本达成共识并普遍采用戈德史密斯（1951）开创的永续盘存法，但部分文献的估算过程较为粗糙，对于各关键性指标的选取并没有作详细及谨慎的说明，并且在相关指标的处理及具体方法的运用上并没有达成统一意见。在公共资本投入与经济增长方面，现有文献中大多是将公共投资流量直接纳入生产函数，这种做法解释的经济现象十分有限，无法全面反映公共资本投入的经济增长效应；并且，纳入生产函数的不应当是整个公共资本存量，而应当是实际参与生产过程的公共资本投入量。另外，大多研究也忽略了公共资本投入对经济增长的空间溢出效应。在资本投入效率方面，选用资本产出比、增量资本产出比、资本回报率等宏观经济指标来衡量资本投入效率仅仅考虑了资本与产出两个变量，并没有考虑到劳动投入、技术进步等其他因素以及经济结构变动对资本投入效率的影响，而以政府公共支出为研究对象又无法区分政府消费性支出与政府投资性支出的效率差异。在财政分权与经济增长方面，学者对中国式财政分权的经济增长效应并未形成统一意见，财政分权是否能提高中国公共资本的投入效率还有待进一步实证研究。因此，将研究方向从公共支出转移到地方政府在公共领域投资形成的公共资本上，通过谨慎估算公共资本投入，基于投入产出绩效视角对中国公共资本投入效率展开研究就显得十分必要，这直接构成了本书接下来几章的工作内容。

第三章　中国公共资本投入估算：概念、框架与指标构建

公共资本投入的准确测算是评价公共资本投入效率的关键所在，也是分析公共资本投入运行机制的前提与基础。一般而言，在经济增长理论分析框架内十分关心反映即时生产能力的资本投入量，然而资本投入量或资本的即时生产能力严格依赖于生产函数的形式设定与生产函数的特定组合（Chow，2002；Kui-Wai Li，2003；肖红叶，2004），使得资本投入量在现实中采用相关变量予以替代的做法被普遍运用。鉴于不同的估算方法对公共资本投入估算结果具有重要影响，且该问题在前期相关文献中并没有得到深入阐释，因此，本章将研究重点放在公共资本投入估算的概念、框架与指标构建，通过对中国公共资本投入进行细致而审慎的估算，得到我国公共资本投入总量以及省际公共资本投入的估算结果，从而为后续的实证研究奠定坚实的数据基础。

第一节　引　　言

改革开放以来，尤其是从 1998 年中国政府实施扩张性财政政策以应对亚洲金融危机开始，我国先后实施西部大开发、振兴东北老工业基地、中部地区崛起等重大战略以协调区域发展，并于 2008 年进一步实施积极财政政策以应对国际金融危机，再到 2015 年提出共建“一带一路”倡议以扩大和深化对外开放，都把加速基础设施建设等公共投资作为重大举措，从而带动我国公共资本存量急剧攀升。公共资本的长期经济增长效应，对私人资本的挤出、挤入效应以及区域配置问题也成为学术界持续关注和研究的焦点。然而，上述研究越来越受到公共资本投入估算困难的制约，直接以历年公共部门固定

资产投资额或政府预算内固定资产投资额等公共投资流量数据替代经济增长模型中公共资本投入的做法受到了不少学者的质疑。此方法虽然可操作性强并且数据误差小，但忽略了公共投资与公共资本的现实差异性。经济增长前沿课题组（2004）认为，发达国家的财政支出以转移支付为主，在经济流程中表现为带消费性的流量特征；发展中国家的财政支出则以形成生产性资本为主，在经济流程中表现为沉淀的资本存量供企业或社会使用，若在模型中仅考虑公共投资流量则无法分析公共资本存量的动态变化及其影响。张勇和古明明（2011）也指出，私人部门的投资决策可能既取决于新增公共投资，也可能取决于现有公共投资规模，即公共资本既有存量，这种存量往往反映现有基础设施的完善程度。因此，公共资本存量的估算则能更好地反映公共资本投入的历年累积过程及动态变化。

综观现有文献，关于中国资本存量估算的著述颇丰，从总量估算到分省份、分城乡、分产业、分行业估算均有学者深入探讨，但按资本性质测算公共资本存量的研究并不多见。首先，在研究对象上，多数文献是对中国历年总公共资本存量进行估算，或者根据研究需要只关注公共投资的部分行业，详细测算中国省际公共资本存量的研究十分有限。其次，在估算方法上，学者们基本达成共识并普遍采用戈德史密斯（1951）开创的永续盘存法（PIM），由此确定了公共资本存量估算的四个关键变量，即基期公共资本存量、当年公共资本投资序列、固定资产投资价格指数和资产折旧率。但是，鉴于现有研究在相关指标选取以及具体估算方法运用上的差异，关于公共资本投入核算仍存在值得进一步探讨之处，主要表现在：第一，忽略了资产折旧率的相对变化。现有研究大多根据经验假定折旧率，或对不同资产采用几何或双曲相对效率模式下的综合折旧率。上述做法虽易于操作却不能反映资产随使用年限增加所导致的折旧率变化。实际上，曹跃群等（2012，2013）、吴明娥等（2015）的研究已经表明，钟形退役模式和随时间变化的差异折旧率更符合资产退役轨迹的现实。第二，忽略了资本品的相对效率模式。正如孙琳琳和任若恩（2005a）、单豪杰（2008）所指出的那样，资本存量和生产性资本存量不是一个相同的概念。资本存量是以扣除资产在使用过程中的折旧表示现行市场价格下的实际价值，即按照价格进行折算；而生产性资本存量进一步考虑了资产服务能力或效率随使用年限的增加而下降，即按照效率单位进行折算，应该是生产分析中使用的概念。大多数研究由于忽略了资本存量与生产性资本存量的现实差异性，仅仅估计了折旧数量。

总之，鉴于公共资本概念、口径的界定差异以及估算指标选取的不同，再加上统计口径变更和资本相关数据缺失，中国公共资本存量估算的结果存在较大差异并且不具有可比性，从而对经济增长理论研究的可靠性带来很大影响。理论上估算的滞后以及估算结果的显著差异实际暗含着公共资本投入估算工作需要进一步探索的推论。因此，合理界定并谨慎测算公共资本存量，为后续研究铺平道路，就成为当前极为迫切解决的问题。基于以上考虑，本章在合理界定公共资本内涵及统计范围的基础上，运用永续盘存法对 1985 ~ 2014 年中国全国以及省际公共资本存量进行测算。为进一步考察资本在使用过程中的效率损失和磨损，基于“年龄—效率”函数详细估算了中国全国以及省际生产性公共资本存量。其中，考虑到折旧率对资本存量测算的重要影响，本章未使用经验假定折旧率或简单使用综合折旧率，而是运用资产价值公式推导出资产折旧率的时间序列数据。

第二节　资本投入估算的基本原理与方法

资本投入核算研究一直是经济研究中最为活跃、争议最多的领域之一。自从罗宾逊（1954）最早提出资本测量的“维克赛效应”难题以来，关于资本可测性的争论一直是剑桥等学派的重要议题。关于资本投入的核算研究，基本上围绕两个层面展开：一是资本投入核算的理论研究，二是资本投入的估算方法设计。本节将研究重点放在典型估算方法的评述上。

一、资本投入核算：初期阶段

（一）罗宾逊的资本投入估算

为了避免资本计量的“维克赛效应”或“李嘉图难题”，罗宾逊从生产函数和资本理论的角度出发，根据生产的时间模型，对资本品所投入的劳动量按照现行的利息率进行复利计算，试图在真实资本的基础上建立以人均资本存量表示的人均产出“伪生产函数”，并提出用劳动时间表示的资本存量测算方法：假定 t 为资本品的使用周期，L_g 为 t 期生产资本品投入的劳动，W 为实际工资率，K_L 为用劳动时间表示的资本量，L_C 为消费品投入的劳动量，Q 为消费量，则资本量的测度公式为：

$$K_L = L_g (1 + r)^t \tag{3.1}$$

根据这一资本量可以建立消费量公式：

$$Q = W \times L_C + r \times W \times K_L \tag{3.2}$$

或

$$Q/L_C = W + r \times W \times (K_L/L_C) \tag{3.3}$$

罗宾逊的伪生产函数将工资和利息率视为变量，这与新古典生产函数中将工资和利息率视为内生变量、试图通过求解生产函数的导数值来决定分配问题具有显著的不同。然而，罗宾逊的估算方法毕竟是属于开拓性、高度概括性的。

（二）索罗的资本投入估算

索罗的新古典经济增长理论特别强调了资本的重要作用，认为经济增长由有效率的人均资本投入量的增长产生，有效率的人均资本投入量会出现稳态。此时，只要储蓄率不变，有效率的人均产出就会固定下来不再变化，其生产函数表达式为：

$$Y_t = F(K_t, E_t L_t) \tag{3.4}$$

其中，E_t 表示劳动力的生产效率，$k = K_t/E_t L_t$ 表示有效率的劳动力人均资本投入量。索罗认为，资本投入的变化主要由新增资本投入和资本折旧构成，资本投入量恒等于产出减消费，或储蓄率与产出的乘积。因此，索罗的资本投入度量模型可表示为：

$$\dot{K}_t = s \times Y_t - \delta K_t \tag{3.5}$$

其中，$\dot{K}_t = dK_t/d_t$ 表示资本变化，s 表示储蓄率，δ 表示资本折旧率。索罗同时指出，尽管更加关心资本投入量，但由于资本投入难以确切计量，并且资本投入量和资本存量成正比的假设相当严格，因此实际操作中不得不以资本存量进行替代。可见，索罗已经意识到，资本存量和资本投入量是两个不同的概念，他对土地与资本品的资本投入价格变动与重估价等问题都做出了尝试性与开拓性的分析，为后续研究提供了宝贵经验。

（三）丹尼森的资本投入估算

丹尼森因对生产率估算的出色研究而备受关注，他沿用索罗的“索罗余值法”，同样采用了资本存量替代资本投入量的做法，但相比索罗而言他的估算更为谨慎和细致。丹尼森对要素投入的分类更为详细，其中将资本投入进一步细化为住宅建筑和住宅土地、非住宅建筑和设备、非住宅土地以及存货四类。同时，他还谨慎地区分了总资本投入量和净资本投入量，并指出资本品对生产的贡献随资本品的使用效率下降而下降，但其下降速度远远低于净资本品的下降速度。因此，他假定非住宅土地测算期内保持不变，存货是用不变价格计算的不同年代存货价值变动序列表示。为了充分考虑折旧的影响，在估算资本投入量时，丹尼森采用了总资本量和净资本量两种不同形式的算术平均来表示，资本消耗的处理技术则运用直线折旧法进行。丹尼森的分析思路后来被联合国采纳，他们用总资本量度量资本存量，用直线法度量资本消耗。丹尼森的估算方法在一定程度上克服了因采用生产函数法所带来的循环估算问题，但是该方法对相关行业资本数据质量要求较高，这对于统计核算体系普遍欠完善的广大发展中国家而言应用相对受限。

二、资本投入核算：永续盘存法

显然，罗宾逊、索罗和丹尼森的研究工作更多的属于开拓性、启发性的，关于资本投入的核算并未达成共识，直到戈德史密斯（1951）开创性地提出了基于耐用品生产模型的永续盘存法（perpetual inventory method，PIM），为资本投入核算开辟了广阔前景。

永续盘存法的理论依据是耐用品生产模型（durable goods production model）。在耐用品生产模型中，资本品的相对效率 S_τ 由其役龄 τ 决定，非负序列 $\{S_\tau\}$ 描述了不同役龄资本品的相对效率：新资本品的相对效率为 1，且随着使用年限的增加满足 $\{S_\tau\}'<0$；当该资本品退役时，相对效率满足 $S_\tau=0$。上述假设可表示为：

$$S_0=1, S_\tau-S_{\tau-1}\leqslant 0, \lim_{\tau\to\infty}S_\tau=0 \tag{3.6}$$

其中，$\tau=(1, 2, \cdots, L)$，L 表示该资本品的使用寿命。由于 S_τ 随役龄增加而递减，若要保持原有的资本品效率，必须进行重置投资。假设一项投资在役龄为τ时要重置的比例为m_τ，m_τ等于从役龄$\tau-1$到役龄τ间效率的减少量，即：

$$m_\tau = S_{\tau-1} - S_\tau = -[S_\tau - S_{\tau-1}] \tag{3.7}$$

其中，$m_{\tau,i}$被定义为死亡率，由于资本品的相对效率是递减的，因此死亡率是非负的，即$m_{\tau,i} \geqslant 0$，且$\sum m_{\tau,i} = 1$。

基于上述分析，每一期期末的资本存量K_t便可以表示为过去的投资与不同役龄的资本品的相对效率序列$\{S_t\}$的加权之和，即：

$$K_t = \sum_{\tau=1}^{\infty} S_\tau \times I_{t-\tau} \tag{3.8}$$

其中，$I_{t-\tau}$为$t-\tau$期的投资额。若将重置需求定义为为了保持资本投入生产能力不变所需的投资水平，对相邻两期资本投入进行一阶差分，可以得到：

$$K_t - K_{t-1} = I_t + \sum_{\tau=1}^{\infty} [S_\tau - S_{\tau-1}] I_{t-\tau} \tag{3.9}$$

$$K_t - K_{t-1} = I_t - \sum_{\tau=1}^{\infty} m_\tau I_{t-\tau} = I_t - R_t \tag{3.10}$$

其中，$R_t = \sum_{\tau=1}^{\infty} m_\tau I_{t-\tau}$，表示重置需求。重置需求也可以用购置之后$\tau$时期需要重置的初始投资比例表示，这个比例包括因初始资本投入的效率下降产生的重置需求，以及每一次后续重置的所有重置，称为不同役龄资本品的重置率δ_t。重置率δ_t可以运用以下更新死亡率序列递归计算：

$$\delta_t = m_1 \delta_{\tau-1} + m_2 \delta_{\tau-2} + \cdots + m_t \delta_0 \tag{3.11}$$

其中，重置率序列$\{\delta_t\}$称为重置分布。利用重置分布，我们可以用过去资本投入的变化来表示重置需求。因此，重置需求也可以表示为：

$$R_t = \sum_{\tau=1}^{\infty} \delta_t \times [K_{t-\tau} - K_{t-\tau-1}] \tag{3.12}$$

根据乔根森在引入资本品租赁市场假设下建立起来的租赁价格模型，在竞争均衡条件下，资本品的当期购置价格等于它未来所有的期望租赁收入的折现和，各年的租赁收入由于相对效率的递减和资本品的退役，是新资本品租赁价格的加权，权数与资本投入估算中的权数相同：

$$q_t = \sum_{\tau=1}^{\infty} S_\tau \prod_{j=1}^{\tau+1} \frac{1}{1+r_j} p_{t+\tau+1} \tag{3.13}$$

其中，q_t 为 t 期的资本购置价格，p_t 为 t 期的新资本品租赁价格，而 $\prod_{j=1}^{\tau+1} \frac{1}{1+r_j}$ 为相应的 $\tau+1$ 年的折现因子。我们对式（3.13）进行差分，可以得到：

$$q_t - (1+r_j)q_{t-1} = -p_t - \sum_{\tau=1}^{\infty}[S_\tau - S_{\tau-1}]\prod_{j=1}^{\tau}\frac{1}{1+r_j}p_{t+\tau} = -p_t + P_{D,t} \tag{3.14}$$

将死亡率引入式（3.14）容易推导出：

$$P_{D,t} = \sum_{\tau=1}^{\infty} m_\tau \prod_{j=1}^{\tau} \frac{1}{1+r_j} p_{t+\tau} = \sum_{\tau=1}^{\infty} \delta_\tau [q_{t+\tau} - q_{t+\tau-1}] \tag{3.15}$$

其中，$P_{D,t}$表示折旧，δ_τ 表示折旧率。此时，如果假定资本品符合几何递减效率假定，则：

$$S_\tau = (1-\delta)^\tau \tag{3.16}$$

其中，$1-\delta$ 表示递减比率。给定名义收益率 r，我们很容易证明：

$$P_{D,t} = \delta q_t \tag{3.17}$$

$$R_t = \delta K_t \tag{3.18}$$

即折旧率和重置率相等，资本投入的公式自然可以推导出：

$$K_t = I_t + (1-\delta)K_{t-1} \tag{3.19}$$

式（3.19）即为戈德史密斯基于永续盘存法（PIM）估算资本投入的标准公式，该方法在资产累加时考虑了资本品使用过程中的效率改变，由此确定了资本投入核算的四个基本步骤，即确定基期资本投入量、确定可比价格投资数列、设置资本重置率、运用 PIM 估算资本投入序列。戈德史密斯的永续盘存法因具有较强的操作性在之后得到了广泛应用。

三、资本投入核算：拓展的 PIM

乔根森（Jorgenson，1969，1987）根据最优资本积累假设推导出投资行为模型，并提出资本租赁价格与度量方法，由此建立起资本投入数量—价格对偶的统一分析框架，从而形成了建立在资本存量和资本租赁价格基础上的资本投入度量方法，即拓展的永续盘存法（PIM）。在拓展的 PIM 中，乔根森严格区分了资本存量和资本投入量并重新定义了资本投入，即由数量指数（资本投入）和价格指数（资本租赁价格）构成。资本存量采用 PIM 进行估算，资本投入量和资本存量成正比，比例系数即为资本投入质量指数 $Q_K^i(t)$。具体步骤如下：

（一）估计资本投入

依据 PIM 原理，采取将资本总量分为设备和建筑两大类的两分法，考虑到投资的时间特征，运用相对效率序列，即根据不同役龄资产的购置价格估计对已发生的投资进行加权并求和，从而得到总资本投入。

（二）确定资本租赁价格

在相对效率几何递减模式下，资本租赁价格为：

$$P_t^K = P_{t-1}^I r_t + \delta P_t^I - [P_t^I - P_{t-1}^I] \tag{3.20}$$

其中，P_t^K 是资本租赁价格，P_t^I 是资本品获得价格，r_t 是资本报酬率。在财产报酬和折旧 δ 已知时，可以获得资本报酬率 r_t：

$$r_t = \frac{P_t^K K_{t-1} - \{P_t^K - [P_t^I - P_{t-1}^I]\} K_{t-1}}{P_{t-1}^I K_{t-1}} \tag{3.21}$$

其中，$P_t^K K_{t-1}$就是财产报酬。将 r_t 代入到式（3.20），则可以得到资本租赁价格 P_t^K。

（三）构造资本投入指数

假定存在 n 个产业部门且第 $i(i=1,2,3,\cdots,n)$部门的资本投入为$\{K_i\}$，表示为各类资本投入分量$\{K_{ki}\}$的超越对数函数，其中 k 表示资本投入的种类。则第 i 部门资本投入指数是各类资本投入的超越对数数量指数：

$$\ln K_i^t - \ln K_i^{t-1} = \sum_k \bar{v}_{Kk}^i [\ln K_{ki}^t - \ln K_{ki}^{t-1}], i = (1,2,3,\cdots,n) \tag{3.22}$$

其中，$\bar{v}_{Kk}^i$表示权数，通过测算各类部门资本财产报酬价值分量的平均份额获得，而价格份额由各类资本的投入和资本服务租赁价格数据计算得到：

$$\bar{v}^{i}_{Kk} = \frac{[\bar{v}^{i}_{Kk,t} - \bar{v}^{i}_{Kk,t-1}]}{2} \tag{3.23}$$

且

$$\bar{v}^{i}_{Kk} = \frac{P^{i}_{Kk}K_{ki}}{\sum_{k} P^{i}_{Kk}K_{ki}} \tag{3.24}$$

可以看到，拓展的 PIM 开创性地区分了资本投入和资本存量之间的区别，与索罗、丹尼森等的研究不同，乔根森假设资本投入量在部门之间进行，并且较为全面地估计了运用资本存量代替资本投入可能形成的误差。尽管乔根森的估算更为精确，但资本租赁价格的估算本身就是一个难题，而实施分产业估算就更为困难。

四、资本投入核算：新进展

目前，学术界和政府统计机构普遍接受的资本投入的定义为“资本服务流”，即用一段时间资本品所提供的资本服务量作为资本投入项（任若恩等，2008）。依据生产理论，资本服务是指资本品在生产过程中提供的服务流量，代表资本投入的服务水平和实际使用效率，同时具有物量成分和价格成分的双重属性（OECD，2001），通常采用乔根森（1963）提出的资本服务物量指数来衡量其变化，主要做法是：在资产分类的基础上，定义各种类型资产的资本服务流量，最后以资本租赁价格为权数，选用最高指数汇总不同类型资产的资本服务得到资本服务总额（Denison，1962；Jorgenson & Griliches，1967；Diewert，1976）。之后，戴维特（Diewert，1976）、哈珀（Harper，1990）、罗伯特和因克拉尔（Robert & Inklaar，2010）、乔根森等（Jorgenson et al.，2011）对资本服务测量进行了更为深入的研究。

从实践角度看，持资本投入存量观点的研究流派逐渐接受和认同把资本流量作为衡量一国国民财富的做法，用资本服务来表示生产过程中资本的投入成为目前学术界和政府统计机构的普遍共识。例如，美国、加拿大和澳大利亚发布其作为统计项目组成部分的资本服务数据，OECD 组织编写生产率及资本服务手册以指导各成员国开展资本服务测算。美国劳工统计局基于双曲线折旧的“年龄—效率”函数和正态分布的退役函数，采用托恩奎斯特（Tornqvist）指数测量资本服务；加拿大统计局在对企业部门的多要素生产率

（multifactor productivity，MFP）进行测算后，以固定资产流量和存量数据为基础，测算和发布了资本服务数据序列；澳大利亚劳工统计局对6种类型的机器设备和建筑物，4种类型的无形资产、存货以及土地做出区分，将资本服务的测算作为多要素生产率序列的一部分。此外，奥尔顿（Oulton，2001）对英国的资本服务、如萨夫和若因顿（Rusolf & Zurlnden，2009）对瑞士的资本服务进行测量，为OECD国家测算资本投入对生产过程的贡献提供数据。

国内针对资本服务测量的研究成果则相对较少。汪向东（1996）在比较国际流行的各种资本度量方法的基础上，最早将乔根森的资本服务测量方法引入中国。孙琳琳和任若恩（2005a，2005b，2009）从资本服务测量综述、行业层次的资本服务测量、行业层次和分资产类型层次的多要素生产率（total factor productivity，TFP）测量等方面对中国的资本服务进行测量和应用。蔡晓陈（2009）基于"年龄—效率"剖面，以资本服务为指标测量中国1978～2007年的资本投入，并从不同指数的公式选择和效率假设等对资本服务测算的敏感性进行比较分析。曹跃群等（2012，2013）通过改善折旧率等数据质量对中国总量层次和省际层次的资本服务进行了重新测量。

第三节　公共资本的统计范围与估算框架

一、公共资本的内涵与统计范围界定

在已有研究中，学者们基本不区分政府投资和公共投资概念。刘卓珺和于长革（2006）认为公共投资即为政府投资，并将公共投资定义为政府为了实现预期的宏观经济效益和社会效益，促进社会经济协调、稳定、可持续发展，将一部分公共支出转化为公共资本以满足社会公共需要的经济行为。而张雷宝（2004）则指出，二者虽然经常被混用但仍有不同，政府投资侧重于研究以政府为主体的投资活动，但投资对象不一定完全是公共领域；公共投资的理解可以分为两种情形：其一指以公共部门为主体的投资活动，其二指以公共领域为对象的投资活动。本章对公共投资的理解侧重于二者的结合，即认为公共投资是公共部门在公共领域的投资活动。

对于公共资本的内涵，马拴友（2000）、刘渝琳和贾天美（2001）认为公共资本是指政府在公共领域投资形成的资本，在市场经济条件和公共财政

下，它常指基础设施投资形成的公共设施资本，例如高速公路、机场、供水系统、电力、煤气以及电信业等公共领域固定资产投资形成的资本；陈志国（2005）认为公共资本是指一定时期内政府通过公共支出而形成的为经济社会提供公共服务的物质基础；缪仕国和马军伟（2006）认为公共资本是指基础设施投资或公共部门固定资产投资形成的资本；余可和吴健雄（2014）则认为公共资本应具备三个特点：以政府或国有企业投资为主、对私人部门的生产具有明显和公认的外部性、投资会以使用费用或税收的方式收回。鉴于中国国有企业的生产性投资性质更接近政府行为（张勇，2010），此处我们将公共资本界定为政府及国有企业在公共领域投资形成的资本。

对于公共资本统计范围的界定，现有研究一般采取以下两种分类方法：一是从固定资产投资的资金来源上，以政府预算内固定资产投资或预算内财政投资中的基本建设支出部分作为公共资本投入，典型研究如经济增长前沿课题组（2004）、廖楚晖和刘鹏（2005）、郭庆旺和贾俊雪（2006）、吴洪鹏和刘璐（2007）、武普照和王耀辉（2007）、何刚和陈文静（2008）以及王亚芬（2012）等；二是从固定资产投资方向上，按行业划分的方式界定公共资本投入，典型研究如马拴友（2000）、李桢业和金银花（2006）、缪仕国和马军伟（2006）、苑德宇和韩俊霞（2011）、陈碧琼等（2013）、余可和吴健雄（2014）等。对于前者而言，基于中国现实情况，地方政府仍然通过其自身投资行为替代私人部门投资，即政府预算内财政投资并不仅仅投在公共领域，而政府预算外财政投资中很大一部分却进入公共领域，再加上普遍关注的国有企业生产性投资性质争议，以政府预算内财政投资形成的固定资产衡量公共资本投入存在严重失真。对于后者而言，近年来一些原本被划分为公共领域的行业已有私人投资介入，以行业划分方式界定公共资本势必高估真正意义上的公共资本投入。

可见，由于数据限制，现有分类方法均无法全面界定公共资本统计口径，考虑到私人投资占公共领域总投资的比重较小以及研究数据的可得性，本章最终选取以行业划分方式估算公共资本存量。《国民经济行业分类》标准于1984年首次发布，并在1994年、2002年和2011年进行了三次修订，从而导致分行业的公共资本统计口径出现三次重大调整。本章参照历次《国民经济行业分类》以及前期研究成果，将1985～1992年地质普查和勘探业，建筑业[①]，交通

① 此处接受陈碧琼等（2013）的做法，将建筑业纳入公共投资的行业统计范围。根据《国民经济行业分类》标准，建筑业主要包括修建土木工程、水电站、码头、桥梁隧道和各类线路管道的安装，从而使得建筑业明显区别于房地产业，很大程度上是由公共部门出资修建的。

运输和邮电通信业，卫生体育和社会福利事业，教育、文化艺术和广播电视事业，科学研究和综合技术服务事业，国家机关、政党机关和社会团体 7 大行业的全社会固定资产投资认定为公共投资；1993 ~2002 年公共投资行业包括电力、煤气及水的生产和供应业，建筑业，地质勘查业和水利管理业，交通运输仓储和邮电通信业，卫生体育和社会福利业，教育、文化艺术和广播电影电视业，科学研究和综合技术服务业，国家机关、政党机关和社会团体 8 大行业；2003 ~2011 年公共投资行业包括电力、燃气及水的生产和供应业，建筑业，交通运输、仓储和邮政业，科学研究、技术服务和地质勘查业，水利、环境和公共设施管理业，教育，卫生、社会保障和社会福利业，文化、体育和娱乐业，公共管理和社会组织，国际组织 10 大行业；而 2012 ~2014 年公共投资行业包括电力、热力、燃气及水生产和供应业，建筑业，交通运输、仓储和邮政业，科学研究和技术服务业，水利、环境和公共设施管理业，教育，卫生和社会工作，文化、体育和娱乐业，公共管理、社会保障和社会组织，国际组织 10 大行业。

二、公共资本的估算框架

基于戈德史密斯（1951）的永续盘存法（PIM），估算资本存量的基本公式可以表示为：

$$K_t = K_{t-1}(1-\delta) + I_t = K_{t-1} + I_t - R_t = \sum_{\tau=1}^{\infty} S_\tau I_{t-\tau} \tag{3.25}$$

因此，为了估算公共资本投入，此处我们假设 K_t 为公共资本存量，δ 表示折旧率，I_t 表示当年公共投资。S_τ 为各期公共投资的残值率，由退役模式决定，通常有同时退役、线性退役、延长退役和钟形退役四种退役模式可供选择，此处我们选择众多核算中采用较多的钟形退役模式。借鉴加拿大统计局的实践做法，钟形退役模式的正态频率分布为：

$$Y(t) = \frac{1}{\sqrt{2\pi}s} \times \exp[-(t-\bar{T})^2/(2s^2)] \tag{3.26}$$

其中，$Y(t)$ 为公共资本在使用 $t(t=1,2,\cdots,T)$ 年后的退出比例，$\bar{T}$ 为公共资本平均使用年限，s 为标准差（一般取 $s=\bar{T}/4$）。

为进一步考察资本在使用过程中的效率损失和磨损，我们对生产性公共资本存量进行测算。生产性公共资本存量严格区别于公共资本存量概念①，一般通过“年龄—效率”函数将公共资本存量总额转换为标准效率单位后的数量表示，而“年龄—效率”函数可由资产价值公式推导出来，根据澳大利亚劳工统计局（ABS）和美国劳工统计局（BLS）的实践做法，我们选择双曲线形态函数形式：

$$d_t = d_0 \frac{T-(t-1)}{T-\beta(t-1)} \tag{3.27}$$

标准化处理过后，我们假定初始年份相对效率 $d_0=1$，d_t 为第 $t(t=1,2,\cdots,T)$ 年的相对效率。β 表示斜率，与公共资本使用年限有关，此处根据已有研究假定为0.6。

根据式（3.25）~式（3.27），在已知公共资本存量总额和“年龄—效率”函数的基础上，生产性公共资本存量则可表示为：

$$K_t^P = \sum_{\tau=0}^{L} d_\tau \times I_{t-\tau} \times S_\tau = \sum_{\tau=0}^{L} d_\tau \times K_t \tag{3.28}$$

第四节　中国总量公共资本投入估算

我们对1985~2014年中国总量公共资本投入进行测算，由于资料限制，研究对象不包括中国的香港、澳门及台湾地区。相关基础数据来自历年《中国统计年鉴》《中国固定资产投资统计年鉴》《新中国55年统计资料汇编(1949~2004)》。

一、基期公共资本存量

用永续盘存法估算资本存量时，基期选择越早，基期资本存量的估算误差对后续年份的影响越小（张军等，2004）。由于早期分行业固定资产投资数据、固定资产投资价格指数等数据并不可得，本节最终将公共资本存量的

① 资本存量主要用于衡量国家或地区资本存量总额与资本存量净额，其变化反映在国家资产负债表中，是“存量”概念；生产性资本存量则是指资本存量中实际流转到生产中的资本投入数量，是按照“年龄—效率”函数对资本存量的转换，实为“流量”概念。

测度基期定在 1985 年。

对于基期公共资本存量的估算，主要有以下三种典型做法：（1）陈志国（2005）以基期公共资本投资额占同期全部固定资产投资比重再乘以基期总资本存量来近似估计基期公共资本存量，得出 1978 年全国公共资本存量为 3985.26 亿元。（2）缪仕国和马军伟（2006）、武普照和王耀辉（2007）、张勇（2010）以及王亚芬（2012）等借鉴霍尔和琼斯（Hall & Jones，1999）的做法，假定资本效率符合几何递减规律，利用公式 $K_0 = I_0/(g+\delta)$，以基期公共资本投资额除以平均投资增速与平均折旧率之和求得基期公共资本存量。他们估算出 1978 年全国公共资本存量分别为 157.17 亿元、4008.2 亿元、7176 亿元、3784.9 亿元，可见基期公共资本存量估算差距十分明显。（3）金戈（2012）、陈碧琼等（2013）参照张军等（2004）的假设，以基期资本投资额除以 10% 作为基期资本存量。

考虑到已有研究缺乏相对统一的基期公共资本存量的估算方法，本节参照张军等（2004）的做法，采用全国 1985 年公共资本投资额除以 10% 作为基期公共资本存量。

二、当年公共资本投资序列

衡量当年固定资本投资额主要有全社会固定资产投资额和固定资本形成总额两种选择。根据各年鉴中对相关指标的解释，二者的区别主要在于：固定资产投资额不包括 50 万元以下（1997 年之前为 5 万元以下）的固定资产投资，不包括无形固定资产的净增加额，即用于矿藏探测、计算机软件等方面的支出，且未扣除由于出售、易货交易和实物资本转移而转出的固定资产价值，而资本形成总额不包含土地购置费用（曹跃群等，2013）。蔡晓陈（2009）指出，固定资产投资口径偏小且存在重复计算问题，在反映资本投入或资本形成方面，固定资本形成额的数据质量优于固定资产投资额。因此，固定资本形成额的应用范围更为广泛，张军等（2004）、叶宗裕（2010）、曹跃群等（2012，2013）均采用该指标作为当年固定资产投资序列。

对于公共资本投资序列的选取，陈志国（2005）将财政支出中的资本性支出分为预算内资本性支出（包括基本建设支出、挖潜改造支出、企业流动资金和支农支出）和包括预算内外的大口径资本性支出，并以大口径公共资本形成额作为当年投资序列；李桢业和金银花（2006）以各城市扣除了非公共投资行业的固定资产投资额作为公共投资序列；武普照和王耀辉（2007）、何刚和陈文静（2008）采用政府预算内固定资产投资额作为投资序列；张勇（2010）采用“预算内财政投资”和“预算外财政支出”的资本形成部分与国有企业加总的计算结果；张勇和古明明（2011）认为公共部门投资由预算内政府财政支出的资本形成部分、国有企业投资、预算外财政支出的资本形成部分和“体制外支出”四部分组成，并采用公共部门全社会固定资产投资扣除非生产性土地和房地产投资的数据作为资本投入序列；而王亚芬（2012）则利用预算内固定资产投资额占同期全社会固定资产投资额的比重再乘以固定资本形成总额来获取当年公共资本形成额。由于我国尚缺乏分行业的固定资本形成额数据，涉及行业层面的公共资本存量估算，学者大多选用全社会固定资产投资额，如缪仕国和马军伟（2006）、苑德宇和韩俊霞（2011）、张学良（2012）、陈碧琼等（2013）。因此，本节亦采用前文所述公共投资行业的历年全社会固定资产投资额之和作为公共资本投资序列。

需要说明的是，《中国统计年鉴》和《中国固定资产投资统计年鉴》只提供了1996～1998年、2002～2014年分行业的全社会固定资产投资额，其他年份数据缺失。由于全社会固定资产投资按管理渠道可以分为基本建设、更新改造、房地产开发和其他投资四类，借鉴大多数学者的做法，本节以基本建设投资与更新改造投资之和替代数据缺失年份的全社会固定资产投资额。

三、固定资产投资价格指数

公共资本投资额以及折旧额均是以当年价格计算的名义值，将其缩减为以基期不变价格核算的实际值才具可比性。由于官方统计资料从1990年才开始公布固定资产投资价格指数，前期数据缺失部分需要研究者自行构造或以其他数据进行替代。张军和章元（2003）、陈志国（2005）利用上海市固定资产投资价格指数代替或拟合出前期中国固定资产投资价格指数；张勇（2010）、张勇和古明明（2011）以同期建筑安装和设备购置价格指数的加权平均指数作为固定资产平减指数；叶宗裕（2010）用GDP缩减指数对固定资产投资进行缩减；而黄勇峰等（2002）、陈碧琼等（2013）以商品零售价格指数进行替代。

鉴于数据可得性以及研究相似性，本节借鉴黄勇峰等（2002）、陈碧琼等（2013）的做法，采用1985～1989年全社会零售价格指数替代相应年份的固定资产投资价格指数。

四、资产使用年限

关于资产使用年限，黄勇峰等（2002）、叶宗裕（2010）、曹跃群等（2012，2013）均接受麦迪逊（Maddison，1993）的建议，假定中国建筑和设备寿命分别为40年和16年；王益煊和吴优（2003）根据财政部1994年公布的财政制度，确定非住宅建筑的使用年限为25年，对“其他资产”的使用年限采用经验数据20年；孙琳琳和任若恩（2005b）利用税务法规资料估计建筑与设备安装工程使用年限为40年，设备与工具购置的平均服务年限为15年。由于无法获取建筑安装工程，设备、工具、器具购置以及其他费用在公共部门固定资产投资额中的构成比例，从而无法按资产构成确定公共资本使用年限，本节采用经验数据假定资产使用年限为20年。

五、资产折旧率

折旧率是影响资本存量估算结果的一个重要因素（叶宗裕，2010）。对于折旧率的处理，以往研究主要采取以下两种做法：一是根据经验假定折旧率，如张勇（2010）根据公布的国有投资和估算的国有投资差额进行估计，得出公共资本大体的折旧率在4.1%左右；马拴友（2000）、廖楚晖和刘鹏（2005）、缪仕国和马军伟（2006）、何刚和陈文静（2008）、苑德宇和韩俊霞（2011）均假定固定资产折旧率为5%；陈志国（2005）认为公共投资原则上都是投向基础设施及公共部门，其折旧期间较长，并指出公共资本折旧率应为5.5%较为合理；经济增长前沿课题组（2004）直接假定固定资产折旧率为6%；陈碧琼等（2013）接受我国固定资产综合折旧率在9.5%左右的假定；吴颖和蒲勇健（2008）在公共支出增长率变化基础上设定折旧率为9.8%。可见，学者们假定的公共资本折旧率从4.1%到9.8%不等，估算差异十分明显。二是在几何相对效率下降模式下，假定资产重置率与折旧率相等，利用残值率和资产使用年限分别估算每类资产折旧，最终求得总资本的综合折旧率，这也是近年来诸多学者采用的方法。例如，黄勇峰等（2002）、孙琳琳和任若恩（2005b）在几何相对效率下降模式下估计建筑和设备的折旧率分别为8%和17%，单豪杰（2008）在此基础上加权平均得到总资本折旧率为10.96%；张军等（2004）根据三类资产的使用寿命及资产所占比重，得到各省份固定资本形成总额的经济折旧率为9.6%；金戈（2012）沿用张军等（2004）的做法，计算得到我国基础设施资本综合折旧率为9.2%；胡李鹏等（2016）认为基础设施的使用寿命更长，折旧率应低于一般资本的折旧率，并以建筑安装工程的折旧率6.9%作为基础设施折旧率。

总体而言，上述研究大多根据经验假定折旧率或简单使用综合折旧率，未能准确界定折旧率与重置率，也难以刻画不同年份公共资本折旧率的变化趋势。鉴于折旧率对公共资本存量估算的重要影响，我们进行以下改进：一是采用双曲相对效率模式，利用资产正态退出函数和残存函数，通过截断处理准确描述资产效率损失和磨损，克服几何相对效率模式下折旧率与重置率相等带来的不利影响；二是利用“年龄—价格”函数与“年龄—效率”函数间的关系，通过资产价值公式推导出“年龄—价格”函数，从而得到历年公共资本折旧额和公共资本存量净额，二者比值则为公共资本折旧率的时间序列数据。具体做法是，假定资产价值公式为：

$$V_t = \sum_{\tau=0}^{T} \frac{d_\tau \times C_{t+\tau}}{(1+\xi)^\tau} \tag{3.29}$$

其中，d_τ 为相对效率，ξ 表示贴现率；$C_{t+\tau}$是 $t(t=1,2,\cdots,T)$ 期公共资本租赁价格，由于测度公共资本存量总额时我们使用了不变价，消除了价格变动产生的影响，此处将资本租赁价格视为不变。因此，“年龄—价格”函数则可表示为 $ageprice = V_t/V_1$。在此基础上，通过对各时期公共投资额的核算得到历年公共资本存量净额，由公共资本存量净额与可比价公共投资相邻年变化值的差值得到折旧额，折旧率则可表示为折旧额与公共资本存量净额的比值。具体计算结果如表3－1所示。

表3－1　中国总量公共资本存量估算相关指标

年份	公共资本投资额（亿元）	固定资产投资价格指数（上年＝100）	固定资产投资价格指数（1985年＝100）	平减后的公共资本投资额（亿元）	公共资本折旧额（亿元）
1985	429.84	108.80	100.00	429.84	—
1986	475.59	106.00	106.00	448.67	269.04
1987	516.48	107.30	113.74	454.10	48.83
1988	555.22	118.50	134.78	411.95	53.86
1989	482.40	117.80	158.77	303.84	56.65
1990	548.62	108.00	171.47	319.95	56.01

续表

年份	公共资本投资额（亿元）	固定资产投资价格指数（上年 = 100）	固定资产投资价格指数（1985 年 = 100）	平减后的公共资本投资额（亿元）	公共资本折旧额（亿元）
1991	755. 29	109. 50	187. 76	402. 26	63. 69
1992	1083. 90	115. 30	216. 49	500. 67	76. 90
1993	3044. 63	126. 60	274. 08	1110. 87	93. 21
1994	4379. 07	110. 40	302. 58	1447. 25	144. 28
1995	5167. 36	105. 90	320. 43	1612. 63	184. 25
1996	7232. 60	104. 00	333. 25	2170. 33	219. 72
1997	8587. 70	101. 70	338. 91	2533. 89	287. 14
1998	11098. 86	99. 80	338. 24	3281. 39	354. 68
1999	10469. 95	99. 60	336. 88	3107. 89	462. 74
2000	11202. 70	101. 10	340. 59	3289. 22	540. 38
2001	11934. 70	100. 40	341. 95	3490. 18	680. 26
2002	15442. 11	100. 20	342. 64	4506. 87	899. 77
2003	20592. 48	102. 20	350. 17	5880. 66	1344. 05
2004	25564. 55	105. 60	369. 78	6913. 40	2312. 16
2005	31651. 93	101. 60	375. 70	8424. 80	1061. 34
2006	37482. 59	101. 50	381. 33	9829. 31	1216. 29
2007	43308. 17	103. 90	396. 21	10930. 70	1372. 56
2008	52911. 85	108. 90	431. 47	12263. 18	1539. 07
2009	74976. 26	97. 60	421. 11	17804. 27	1806. 57
2010	89551. 88	103. 60	436. 27	20526. 51	2407. 76
2011	87546. 07	106. 60	465. 07	18824. 35	2930. 58
2012	101502. 67	101. 10	470. 18	21587. 86	3330. 79
2013	120569. 20	100. 30	471. 59	25566. 28	3914. 94
2014	144694. 36	100. 50	473. 95	30529. 30	4591. 21

资料来源：固定资产投资指数来源于《中国固定资产投资统计年鉴》，其他数据由作者估算而得。

六、估算结果对比与分析

（一）估算结果对比

图 3 –1 报告了本节的公共资本存量估算数据与可得的已有研究估算结果的对比趋势，为了更加清晰地进行对比分析，我们分别给出了 1978 ~2014 年

和 1978～2004 年两个时间段的对比图。其中，武普照和王耀辉（2007）、陈志国（2005）的估算结果均以 1978 年为基期，陈碧琼等（2013）和本节的估算结果分别以 1980 年和 1985 年为基期，为便于对比分析，我们利用 1980 年和 1985 年的商品零售价格指数分别将陈碧琼等（2013）和本节的估算数据调整为以 1978 年为基期。其中，本节的估算数据 K 与 KP 分别表示中国公共资本存量以及生产性公共资本存量。

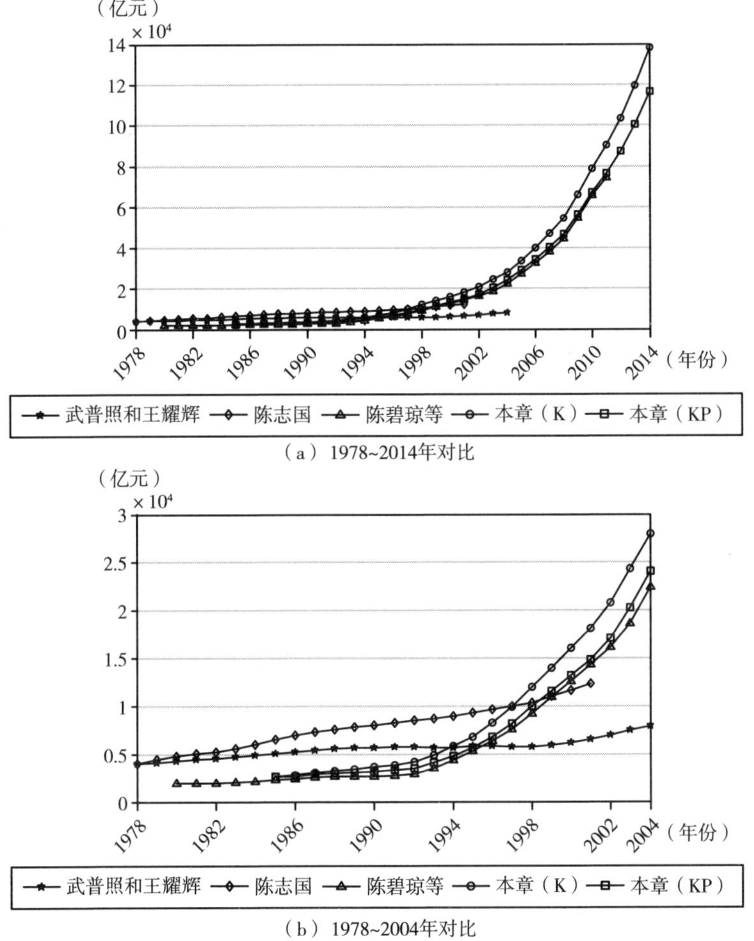

图 3－1　中国总量公共资本存量估算结果对比

资料来源：由作者估算而得。

图 3－1 显示，不同学者的公共资本存量估算结果差异是明显的，这种差异主要体现于以下几个方面：（1）基期公共资本存量的估算。由于基期选取不一

致，我们以1985年公共资本存量作对比分析，武普照和王耀辉（2007）、陈志国（2005）、陈碧琼等（2013）以及本节估算的1985年公共资本存量分别为5071.70亿元、6495.62亿元、2271.99亿元、3355.50亿元（1978年价格）。可见，本节以1985年为基期的公共资本存量估算结果与陈碧琼等（2013）较为接近，但与武普照和王耀辉（2007）、陈志国（2005）估算结果的差异很大。（2）当年公共资本投资序列的选取。武普照和王耀辉（2007）采用预算内固定资产投资代表当年公共资本投资序列，陈志国（2005）将财政支出中的资本性支出分为预算内资本性支出和包括预算内外的大口径资本性支出，并以大口径公共资本形成额作为当年投资序列。他们二者均以固定资产投资的资金来源作为公共资本的分类方法，一定程度上存在低估公共资本投入的可能性，而陈碧琼等（2013）和本节采用的是以固定资产的投资方向，即行业分类方式衡量公共资本投入，一定程度上存在高估公共资本投入的可能性。因此，即使武普照和王耀辉（2007）、陈志国（2005）估算的基期资本存量较高，但公共资本存量的累积趋势仍然慢于陈碧琼等（2013）和本节的估算数据。（3）资产折旧率的估算。武普照和王耀辉（2007）采用递增的折旧率来对公共资本进行扣减，假设公共资本折旧率从1978年的2.5%递增到2004年的4%，陈志国（2005）和陈碧琼等（2013）分别采用了经验折旧率5.5%和9.5%，而本节运用资产价值公式推导出资产折旧率的时间序列数据，估算出的资产折旧率为1%～6%，这也是本节估算数据走势虽与陈碧琼等（2013）较为一致但公共资本存量明显高于其估算结果的主要原因。

（二）估算结果分析

表3－2报告了1985～2014年中国公共资本存量（K）和生产性公共资本存量（KP）的估算结果。

表3－2　　中国公共资本存量及生产性公共资本存量　　单位：亿元

年份	K	KP	年份	K	KP
1985	4298.40	4209.77	1990	5752.50	5046.54
1986	4478.03	4297.32	1991	6091.07	5217.09
1987	4883.29	4591.73	1992	6514.83	5453.98
1988	5241.38	4824.88	1993	7532.50	6252.76
1989	5488.56	4934.35	1994	8835.47	7298.13

续表

年份	K	KP	年份	K	KP
1995	10263.84	8425.83	2005	45700.21	39235.61
1996	12214.45	10020.69	2006	54313.24	46607.77
1997	14461.20	11850.54	2007	63871.37	54640.01
1998	17387.91	14286.38	2008	74595.48	63517.13
1999	20033.05	16377.79	2009	90593.18	77281.74
2000	22781.89	18520.41	2010	108711.93	92767.19
2001	25591.80	20702.43	2011	124605.70	105701.89
2002	29198.90	23717.31	2012	142862.77	120732.04
2003	33735.51	27866.68	2013	164514.11	138713.68
2004	38336.75	32873.21	2014	190452.20	160411.56

注：如无特殊说明，文中出现的公共资本存量数据均是指按 1985 年价格计算值。

资料来源：由作者估算而得。

表 3－2 显示，总体来看，中国公共资本存量从 1985 年的 4298.40 亿元增长到 2014 年的 190452.20 亿元，年均增长 13.97%；中国生产性公共资本存量从 1985 年的 4209.77 亿元增长到 2014 年的 160411.56 亿元，年均增长 13.37%。分阶段来看，公共资本存量和生产性公共资本存量在 1985～1992 年增长相对稳定且增速缓慢，1992 年的资本总量分别为 6514.83 亿元和 5453.98 亿元，年均增长率分别仅为 6.16% 和 3.82%，显示出公共投资的严重不足。但从 1993 年开始，公共资本存量和生产性公共资本存量呈现出快速攀升势头，1993～2014 年年均增长率分别达到 16.63% 和 16.71%。究其原因，陈碧琼等（2013）认为这与中国 1994 年财政分权体制改革引发地方政府公共投资激励有关，而叶宗裕（2010）认为原因在于我国对外开放程度的加深，他指出，1993 年后我国对外开放步伐加快，经济的快速发展很大程度上依靠引进先进技术和设备，属于资本投入推动型增长模式，因此资本增长很快。值得注意的是，1998 年和 2009 年中国公共资本存量和生产性公共资本存量的增长更为迅猛，增长率分别达到 1998 年的 20.24%、20.55% 和 2009 年的 21.45%、21.67%，这主要是由于在此期间中国实施了以增加公共投资为主的积极财政政策，通过扩大基建投资带动投资增长从而实现经济增长是政府在金融危机时期普遍的政策选择，这一结论与胡李鹏等（2016）不谋而合。同时，这也说明中国的经济调整具有明显“相机抉择”的重要特征

（朱军和姚军，2017）。

通过比较公共资本存量和生产性公共资本存量，我们发现，在考虑资产服务能力或效率随使用年限的增加而下降的情况下，生产性公共资本存量明显低于同期公共资本存量。1985～2014 年全国生产性公共资本存量均值为 37879.21 亿元，远低于同期的公共资本存量均值 44778.05 亿元。其中，2014 年全国生产性公共资本存量为 160411.56 亿元，仅占同期全国公共资本存量 190452.20 亿元的 84.23%。由此看出，以公共资本存量代替公共资本投入不能反映资本使用效率和对经济增长的贡献水平。与公共资本存量相比，生产性公共资本存量通过综合考虑资产退役以及资本在使用过程中的效率损失和磨损，更能反映实际服务于生产过程的公共资本投入规模。

第五节　中国省际公共资本投入估算

我们对 1985～2014 年中国 31 个省、自治区、直辖市的公共资本投入进行测算，由于资料限制，研究对象不包括中国的香港、澳门以及台湾地区。绝大多数文献在对全国层面宏观数据进行测量时习惯将重庆市样本并入四川省，由于行政区划的调整，为了保证省际数据的全面性和完整性，本节依据历年《重庆市统计年鉴》相关数据将重庆市样本单独列出，未做纳入四川省的处理。相关基础数据来自历年《中国统计年鉴》《中国固定资产投资统计年鉴》《新中国 55 年统计资料汇编（1949～2004）》以及各省份统计年鉴。

一、基期公共资本存量

由于各省份早期分行业固定资产投资数据、固定资产投资价格指数等数据并不可得，本节最终将省际公共资本存量的测度基期定在 1985 年。考虑到本节需要估计各省份的初始公共资本存量，而已有研究又缺乏相对统一的基期公共资本存量以及将这一值分配到各省份的合理方法，本节同样参照张军等（2004）的做法，采用各省份 1985 年公共资本投资额除以 10% 作为该省份的基期公共资本存量。具体计算结果如表 3－3 所示。

表 3-3　　中国省际基期公共资本存量（K_1）　　单位：亿元

地区	K_1	地区	K_1	地区	K_1
北京	277.00	安徽	78.60	四川	157.30
天津	104.40	福建	77.70	贵州	50.10
河北	123.40	江西	34.50	云南	98.50
山西	133.50	山东	186.10	西藏	31.50
内蒙古	80.00	河南	107.10	陕西	104.30
辽宁	237.40	湖北	130.50	甘肃	47.90
吉林	72.90	湖南	95.70	青海	47.30
黑龙江	134.60	广东	337.30	宁夏	21.40
上海	139.30	广西	73.50	新疆	95.50
江苏	154.00	海南	28.50		
浙江	104.60	重庆	53.10		

资料来源：由作者估算而得。

二、当年公共资本投资序列

与上节中国总量公共资本投入估算中公共资本投资序列的选取一致，本节亦采用前文所述公共投资行业的历年全社会固定资产投资额之和作为公共资本投资序列。

需要说明的是，《中国统计年鉴》和《中国固定资产投资统计年鉴》只提供了 1996～1998 年、2002～2014 年省际分行业的全社会固定资产投资额，其他年份数据缺失。由于全社会固定资产投资按管理渠道可以分为基本建设、更新改造、房地产开发和其他投资四类，借鉴大多数学者的做法，本节以基本建设投资与更新改造投资之和替代数据缺失年份的全社会固定资产投资额。考虑到行政区域的划分调整，重庆市（1985～1996 年）、海南省（1985～1987 年）的公共投资数据分别为该市（省）全社会固定资产投资占四川省（广东省）全社会固定资产投资额比重再乘以四川省（广东省）公共投资额，四川省（广东省）对应年份的公共投资额为原数据减去重庆市（海南省）的相应份额。具体计算结果如表 3-4 所示，限于篇幅，此处仅报告了 7 个代表性年份的数据。

表 3－4　　中国各省份公共资本投资额　　单位：亿元

地区	1985 年	1990 年	1995 年	2000 年	2005 年	2010 年	2014 年
北京	27.70	51.21	259.98	343.52	825.54	1524.05	2008.66
天津	10.44	12.58	88.07	150.60	497.09	1873.56	2820.29
河北	12.34	18.09	208.22	542.02	1360.70	4239.08	6188.86
山西	13.35	13.41	86.78	243.49	643.84	2350.22	3720.39
内蒙古	8.00	7.79	70.79	183.63	1386.13	3746.42	6236.32
辽宁	23.74	30.26	187.31	356.07	1053.64	4311.41	6237.02
吉林	7.29	9.30	59.64	198.82	565.71	2129.22	2859.76
黑龙江	13.46	17.69	129.90	313.34	574.76	2334.24	3065.39
上海	13.93	23.60	263.85	353.54	1085.38	1539.46	1414.35
江苏	15.40	26.13	262.46	688.69	2358.14	4516.79	9086.79
浙江	10.46	18.82	225.86	720.31	2149.44	3197.22	6181.72
安徽	7.86	11.66	103.59	309.13	957.65	2889.83	4951.65
福建	7.77	14.25	199.92	349.39	898.97	2830.49	5639.13
江西	3.45	8.10	82.39	203.24	904.83	2078.28	3459.37
山东	18.61	22.76	248.25	675.80	2395.51	5645.61	9671.74
河南	10.71	12.58	230.10	488.43	1419.99	3399.98	5437.85
湖北	13.05	18.00	254.64	568.87	1078.30	3452.36	5533.07
湖南	9.57	11.85	161.12	380.50	973.01	3357.25	6558.09
广东	33.73	63.94	665.25	976.77	2405.48	5990.31	6946.19
广西	7.35	9.23	113.91	259.08	719.38	2592.94	4355.32
海南	2.85	7.91	49.67	77.51	115.05	518.27	973.45
重庆	5.31	8.62	78.90	197.82	806.36	2279.01	3396.00
四川	15.73	19.02	183.58	527.65	1414.77	5099.27	8388.89
贵州	5.01	4.61	49.60	167.85	536.58	1320.52	4125.85
云南	9.85	12.47	105.49	307.05	941.78	2786.32	4236.52
西藏	3.15	3.70	27.99	50.21	130.40	301.28	685.16
陕西	10.43	12.95	91.04	278.48	870.66	3202.73	5193.35
甘肃	4.79	7.52	36.43	198.95	423.78	1698.75	3875.80
青海	4.73	3.62	26.51	75.31	163.59	390.40	1287.95
宁夏	2.14	2.57	21.89	69.51	185.05	540.95	1052.85
新疆	9.55	11.23	71.85	222.82	514.67	1242.86	3633.21

资料来源：由作者估算而得。

三、固定资产投资价格指数

与上节中国总量公共资本投入估算中固定资产投资价格指数的处理一致，我们采用1985～1990年各省份商品零售价格指数替代相应年份的固定资产投资价格指数。需要说明的是，浙江省（1991～1992年）、广东省（1991年，1993～2000年）、海南省（1991～1992年）、重庆市（1991～1993年）的固定资产投资价格指数缺失，本节同样以相应年份的商品零售价格指数进行替代。具体计算结果如表3-5所示。

表3-5　中国省际固定资产投资价格指数（1985年=100）

地区	1986年	1990年	1995年	2000年	2005年	2010年	2014年
北京	106.70	174.41	351.82	397.62	431.09	477.28	510.19
天津	107.20	159.44	316.92	320.93	354.61	400.52	423.04
河北	105.20	159.15	322.53	334.29	370.34	428.86	454.31
山西	105.30	166.56	302.72	323.20	368.40	448.32	478.74
内蒙古	105.00	157.43	254.36	282.00	320.70	385.81	413.99
辽宁	106.00	167.61	368.30	388.52	433.89	505.31	542.29
吉林	105.40	165.01	325.54	367.48	403.42	467.90	496.54
黑龙江	105.90	163.51	296.47	321.14	353.67	422.28	457.92
上海	106.70	172.22	307.51	318.91	355.00	399.41	425.50
江苏	106.50	171.01	342.23	342.62	403.99	484.59	518.44
浙江	106.00	169.62	311.47	301.80	334.94	392.67	421.14
安徽	105.20	167.73	362.91	383.50	427.85	508.56	557.80
福建	105.90	172.19	324.01	331.73	347.59	402.59	430.56
江西	105.80	165.50	320.79	351.30	393.99	476.45	524.16
山东	104.20	158.97	321.56	336.77	392.52	449.40	487.37
河南	105.00	160.92	299.95	319.18	366.67	423.47	458.54
湖北	104.20	161.31	295.01	318.58	356.05	426.72	472.75
湖南	104.80	171.31	346.93	391.18	446.78	554.83	622.54
广东	104.80	176.31	346.62	339.43	374.51	417.56	460.05
广西	105.10	166.77	304.63	308.15	340.26	383.24	416.12
海南	103.80	185.12	316.07	320.98	348.74	435.24	471.90
重庆	104.20	165.56	254.53	284.51	319.36	377.08	409.77

续表

地区	1986年	1990年	1995年	2000年	2005年	2010年	2014年
四川	103.90	163.47	291.13	308.29	356.44	435.28	466.72
贵州	105.30	161.67	331.92	360.37	394.19	463.54	505.81
云南	105.00	163.06	343.86	393.72	458.89	526.66	569.94
西藏	91.00	138.74	255.12	275.95	275.92	293.59	329.78
陕西	105.20	164.10	344.39	417.24	485.54	583.84	654.34
甘肃	106.00	162.51	345.52	389.53	436.43	523.42	561.99
青海	106.10	165.65	327.15	349.37	387.15	478.13	533.55
宁夏	104.90	163.40	320.32	374.00	418.71	498.07	546.75
新疆	106.70	159.10	322.12	367.24	419.08	509.46	552.70

资料来源：作者根据《中国统计年鉴》《中国固定资产投资统计年鉴》整理而得。

四、资产使用年限

与上节中国总量公共资本投入估算中资产使用年限的处理一致，本节亦采用经验数据，假定资产使用年限为20年。

五、资产折旧率

与上节中国总量公共资本投入估算中资产折旧率的计算方法一致，本节同样利用“年龄—价格”函数，得到各省份历年公共资本折旧额和公共资本存量净额，二者比值则为各省份公共资本折旧率的时间序列数据。具体计算结果如表3-6所示。

表3-6 中国省际公共资本折旧额 单位：亿元

地区	1987年	1990年	1995年	2000年	2005年	2010年	2014年
北京	3.29	4.18	10.76	27.80	46.55	70.65	115.65
天津	1.18	1.41	4.07	11.24	21.41	49.70	93.80
河北	1.45	1.83	6.28	21.44	42.38	105.04	214.99
山西	1.42	1.63	4.66	14.17	24.67	56.06	106.01
内蒙古	0.93	0.94	3.59	9.71	31.15	85.72	150.54
辽宁	2.98	3.22	8.68	23.52	41.40	85.64	162.62

续表

地区	1987 年	1990 年	1995 年	2000 年	2005 年	2010 年	2014 年
吉林	0.84	0.95	2.99	8.62	16.35	43.28	77.64
黑龙江	1.57	1.93	5.57	15.99	28.31	63.74	121.54
上海	1.82	2.23	7.61	21.89	41.62	88.47	141.05
江苏	1.81	2.19	7.16	26.04	66.11	126.28	255.98
浙江	1.23	1.48	6.05	23.75	62.36	121.98	252.87
安徽	0.90	1.06	2.87	10.38	22.51	58.44	111.47
福建	0.86	1.11	4.87	14.33	27.80	80.12	172.79
江西	0.48	0.55	2.25	6.65	20.76	46.26	86.42
山东	2.05	2.48	8.19	26.58	61.84	144.92	283.41
河南	1.23	1.33	5.93	19.04	40.71	96.82	199.92
湖北	1.52	1.69	7.14	22.77	42.35	99.38	204.21
湖南	1.06	1.19	4.67	13.78	26.72	69.88	138.98
广东	3.72	4.61	21.56	46.82	90.95	210.63	351.96
广西	0.86	0.95	3.75	11.38	23.15	62.44	131.29
海南	0.29	0.46	1.77	4.13	6.68	18.77	31.67
重庆	0.62	0.69	2.62	8.85	22.95	58.75	114.92
四川	1.74	2.10	6.65	23.08	46.03	120.70	234.54
贵州	0.55	0.62	1.93	5.98	14.59	30.10	77.71
云南	1.05	1.21	3.80	12.36	22.73	56.90	107.79
西藏	0.26	0.37	1.12	3.23	6.28	12.66	27.11
陕西	1.19	1.30	3.49	11.70	22.31	54.75	102.46
甘肃	0.58	0.68	1.75	6.72	12.61	29.48	69.45
青海	0.50	0.46	1.28	3.98	6.33	11.83	27.82
宁夏	0.25	0.27	0.82	2.56	5.32	11.63	22.46
新疆	1.07	1.20	3.03	10.36	18.10	34.17	75.85

资料来源：由作者估算而得。

六、估算结果对比与分析

（一）估算结果对比

由于估算中国省际公共资本存量的文献较少，其中给出相关估算结果的文献则更为鲜见。因此，我们此处仅对比分析了本节的估算数据与陈碧琼等（2013）的估算结果，如表3－7所示（限于篇幅，仅报告了4个代表性年份数据）。由于与公共资本存量相比，生产性公共资本存量更能反映实际服务于生产过程的公共资本投入规模，因此本节以生产性公共资本存量（KP）为分析重点。

表3－7　中国省际公共资本存量估算结果对比（1985年价格）　单位：亿元

地区	1985年		1990年		2000年		2010年	
	G	KP	G	KP	G	KP	G	KP
北京	238.01	271.29	280.49	362.09	623.28	753.46	1670.48	2029.96
天津	89.70	102.25	95.23	125.49	274.76	323.99	1707.39	1931.96
河北	106.03	120.86	117.26	152.93	734.77	878.83	3625.65	4111.47
山西	114.71	130.75	112.14	150.20	342.36	410.38	1900.07	2178.49
内蒙古	68.74	78.35	67.04	89.97	280.64	332.81	3486.06	3946.79
辽宁	203.98	232.51	217.74	287.37	503.33	634.35	2733.66	3232.54
吉林	62.64	71.40	64.44	85.30	263.68	279.42	1782.01	1816.61
黑龙江	115.65	131.82	124.57	163.41	461.72	547.30	2004.38	2293.93
上海	119.69	136.43	144.75	186.29	676.69	801.98	2506.93	2950.18
江苏	132.32	150.82	145.41	190.22	838.30	1029.09	4192.79	5127.59
浙江	89.88	102.44	98.22	128.25	884.65	1040.38	4480.43	5318.67
安徽	67.54	76.98	70.75	93.24	297.35	368.85	2156.50	2516.80
福建	66.76	76.10	71.88	94.31	495.09	614.14	2664.12	3139.26
江西	29.64	33.79	36.57	46.81	240.15	281.82	1747.47	2056.11
山东	159.90	182.26	165.61	219.32	810.71	1005.59	4855.60	5969.63
河南	92.02	104.89	94.42	124.64	668.84	801.48	3343.99	3969.91
湖北	112.13	127.81	118.57	156.65	743.28	895.87	3078.21	3762.61
湖南	82.23	93.73	82.95	109.11	451.47	515.67	2398.14	2620.85
广东	282.86	330.35	299.38	401.03	1649.88	1812.96	6631.80	6708.70
广西	63.15	71.98	65.24	86.56	343.65	427.84	2149.55	2587.30
海南	31.45	27.91	33.65	35.54	132.63	152.74	455.10	552.35
重庆	—	52.01	—	62.59	—	346.18	—	2651.30
四川	180.78	154.06	188.07	182.92	1099.17	853.92	6895.46	4831.19
贵州	43.05	49.07	41.36	55.59	216.36	202.69	1459.04	1352.67
云南	84.63	96.47	84.20	112.48	353.28	422.84	2011.04	2294.03

续表

地区	1985 年		1990 年		2000 年		2010 年	
	G	KP	G	KP	G	KP	G	KP
西藏	—	30.85	—	34.74	—	93.33	—	487.66
陕西	89.62	102.15	90.50	120.36	337.36	354.57	2324.52	2253.88
甘肃	41.16	46.91	45.29	59.29	195.89	219.14	1160.45	1255.63
青海	40.64	46.32	34.33	47.45	89.00	103.46	394.04	460.97
宁夏	18.39	20.96	18.76	24.90	74.70	86.47	406.71	470.82
新疆	82.06	93.53	81.54	108.66	272.30	315.83	1057.46	1236.80

注：陈碧琼等（2013）的公共资本存量估算结果中四川省包括了重庆市的数据。其中，KP 表示本节估算的省际生产性公共资本存量，G 表示陈碧琼等（2013）估算的省际公共资本存量。

资料来源：由作者估算而得。

由表 3－7 看出，陈碧琼等（2013）估算的各省份基期公共资本存量小于本节的估算数据，且后期公共资本存量与本节估算数据的差距越来越大，其主要原因在于：（1）基期公共资本存量的估算方法不同。陈碧琼等（2013）以各省当年公共资本投资占全国的份额乘以当年全国公共资本存量作为各省份的基期公共资本存量，而本节是采用各省份 1985 年公共资本投资额除以 10% 作为该省份的基期公共资本存量。（2）资产折旧率的假定不同。陈碧琼等（2013）假定我国固定资产折旧率为 9.5%，而本节运用资产价值公式推导出资产折旧率的时间序列数据，估算出的资产折旧率为 1%～6%，从而导致本节估算的生产性公共资本存量明显高于其估算结果。但总体而言，陈碧琼等（2013）估算结果的走势与本节的估算数据是一致的。

（二）估算结果分析

表 3－8 报告了 1985～2014 年中国省际公共资本存量（K）及生产性公共资本存量（KP）的估算结果（限于篇幅，仅列举了 7 个代表性年份数据）。为了验证上述测算的可信度，我们按照相同方法测度了省际私人资本存量及省际生产性私人资本存量，以 1992 年为基期得到 2010 年总资本存量和总生产性资本存量分别为 660615 亿元和 561632 亿元（1992 年价格），这与曹跃群等（2013）估算的 2010 年总资本存量和总生产性资本存量 614030 亿元、563812 亿元（1992 年价格）相差不大。因此，我们认为上述省际公共资本存量和省际生产性公共资本存量估算结果是可信的。

总体来看，中国公共资本存量从 1985 年的 3417.50 亿元增长到 2014 年

表 3-8　中国省际公共资本存量和生产性公共资本存量（1985 年价格）

单位：亿元

地区	生产性公共资本存量（KP）							公共资本存量（K）						
	1985 年	1990 年	1995 年	2000 年	2005 年	2010 年	2014 年	1985 年	1990 年	1995 年	2000 年	2005 年	2010 年	2014 年
北京	271.29	362.09	508.52	753.46	1086.06	2029.96	2797.45	277.00	410.07	632.15	1006.31	1350.31	2498.14	3492.14
天津	102.25	125.49	178.93	323.99	679.73	1931.96	3619.97	104.40	142.88	222.73	416.68	795.83	2221.73	4217.80
河北	120.86	152.93	288.22	878.83	1749.34	4111.47	7169.50	123.40	173.64	344.38	1032.73	2038.53	4831.30	8527.53
山西	130.75	150.20	206.10	410.38	841.80	2178.49	4010.20	133.50	171.72	259.31	522.03	981.65	2526.26	4706.11
内蒙古	78.35	89.97	161.90	332.81	1259.71	3946.79	7204.06	80.00	102.91	196.15	411.16	1399.24	4439.03	8338.26
辽宁	232.51	287.37	395.78	634.35	1121.40	3232.54	6140.61	237.40	327.18	496.30	838.67	1341.57	3732.68	7143.86
吉林	71.40	85.30	133.75	279.42	611.78	1816.61	3124.12	72.90	97.23	164.64	347.91	710.53	2082.24	3666.82
黑龙江	131.82	163.41	257.56	547.30	967.68	2293.93	3919.13	134.60	185.84	315.89	679.25	1152.97	2708.25	4673.00
上海	136.43	186.29	360.69	801.98	1463.17	2950.18	3386.44	139.30	210.88	428.44	973.01	1738.17	3565.13	4341.31
江苏	150.82	190.22	355.08	1029.09	2691.36	5127.59	8641.90	154.00	216.04	425.37	1215.33	3067.54	6093.95	10419.53
浙江	102.44	128.25	279.77	1040.38	2826.19	5318.67	8253.50	104.60	145.64	328.48	1191.22	3199.63	6337.96	10107.76
安徽	76.98	93.24	141.96	368.85	906.49	2516.80	4410.06	78.60	106.14	174.96	446.21	1036.25	2888.40	5182.90
福建	76.10	94.31	223.65	614.14	1229.52	3139.26	6102.84	77.70	107.10	260.19	719.46	1437.30	3671.98	7138.22
江西	33.79	46.81	104.25	281.82	884.82	2056.11	3392.08	34.50	52.88	121.83	330.63	996.96	2383.08	4039.62
山东	182.26	219.32	389.19	1005.59	2532.27	5969.63	10486.05	186.10	249.82	470.35	1206.87	2895.03	6949.35	12419.07
河南	104.89	124.64	270.40	801.48	1807.43	3969.91	6457.68	107.10	142.18	318.02	936.92	2083.14	4690.62	7773.64

续表

地区	生产性公共资本存量（KP）							公共资本存量（K）						
	1985 年	1990 年	1995 年	2000 年	2005 年	2010 年	2014 年	1985 年	1990 年	1995 年	2000 年	2005 年	2010 年	2014 年
湖北	127.81	156.65	329.20	895.87	1762.88	3762.61	6361.53	130.50	178.34	388.53	1055.47	2063.92	4484.40	7648.19
湖南	93.73	109.11	215.08	515.67	1073.83	2620.85	4962.99	95.70	124.58	256.83	620.04	1252.00	3067.38	5822.79
广东	330.35	401.03	928.50	1812.96	3345.36	6708.70	9834.93	337.30	455.94	1087.51	2211.31	3988.77	8093.68	12035.49
广西	71.98	86.56	173.61	427.84	932.44	2587.30	5050.12	73.50	98.65	206.64	511.48	1080.49	2983.75	5868.46
海南	27.91	35.54	80.37	152.74	246.25	552.35	971.92	28.50	40.18	94.07	186.61	300.03	663.04	1154.69
重庆	52.01	62.59	124.29	346.18	995.92	2651.30	4622.03	53.10	71.27	147.80	408.19	1125.52	3043.89	5445.16
四川	154.06	182.92	309.49	853.92	1894.85	4831.19	8912.65	157.30	208.55	376.30	1019.07	2185.56	5602.46	10473.04
贵州	49.07	55.59	85.53	202.69	605.84	1352.67	3129.68	50.10	63.60	105.71	248.11	684.81	1574.70	3606.47
云南	96.47	112.48	181.27	422.84	892.10	2294.03	3990.81	98.50	128.35	222.42	518.03	1036.85	2666.73	4720.58
西藏	30.85	34.74	55.64	93.33	234.06	487.66	965.90	31.50	39.65	68.27	119.86	270.41	574.59	1132.91
陕西	102.15	120.36	168.45	354.57	787.24	2253.88	4133.44	104.30	137.34	210.99	445.87	910.47	2584.21	4830.17
甘肃	46.91	59.29	80.69	219.14	485.08	1255.63	2840.68	47.90	67.35	101.11	265.60	559.74	1450.38	3268.98
青海	46.32	47.45	57.16	103.46	224.10	460.97	982.26	47.30	54.66	74.07	136.70	259.19	547.64	1149.64
宁夏	20.96	24.90	38.40	86.47	205.47	470.82	851.17	21.40	28.41	47.36	106.64	236.71	550.44	1005.85
新疆	93.53	108.66	148.15	315.83	641.22	1236.80	2576.56	95.50	124.05	186.53	397.85	748.87	1479.86	3029.99
全国	3347.04	4097.71	7231.60	16907.39	36985.35	86116.67	149302.27	3417.50	4663.07	8733.32	20525.23	42927.99	100987.26	177379.98

资料来源：由作者估算而得。

的177379.98亿元，年均增长14.59%。中国生产性公共资本存量从1985年的3347.04亿元增长到2014年的149302.27亿元，年均增长13.99%①。分阶段来看，中国公共资本存量和生产性公共资本存量在1985~1992年增长相对稳定且增速缓慢，年均增长率分别仅有6.66%和4.37%，资本总量不到5000亿元，显示出公共投资的严重不足。但从1993年开始公共资本存量和生产性公共资本存量呈现出快速攀升势头，1993~2014年年均增长率分别达到17.24%和17.28%。

分省际来看，山东、广东、四川、江苏和浙江的生产性公共资本存量处于全国领先水平，2014年分别达到10486.05亿元、9834.93亿元、8912.65亿元、8641.90亿元和8253.50亿元，而青海、海南、西藏和宁夏的生产性公共资本存量处于落后状态，2014年分别达到982.26亿元、971.92亿元、965.90亿元和851.17亿元。可见，各省份之间的生产性公共资本存量差异巨大，2014年山东的生产性公共资本存量相当于同期宁夏的12.32倍。为了消除人口规模的影响，我们将各省份生产性公共资本存量除以各省份年末人口数，从而得到各省份人均生产性公共资本存量。结果显示，西藏、内蒙古及天津的人均生产性公共资本存量增长最为迅速，为了消除人口规模的影响，我们将各省份生产性公共资本存量除以各省份年末人口数，从而得到各省份人均生产性公共资本存量，估算结果如表3-9所示。2014年人均生产性公共资本存量分别达到30417.36亿元、28760.91亿元和23865.70亿元，超越北京和上海处于全国领先水平，而江西、湖南、安徽和河南的人均生产性公共资本存量处于全国落后状态，2014年分别达到7467.99亿元、7366.50亿元、7249.93亿元和6843.67亿元。其中，西藏的生产性公共资本存量总量较低但人均生产性公共资本存量却较高，原因应该在于西藏的地广人稀。由于各省份在区域面积、人口数量、产业结构、地理条件以及历史文化等方面差异较大，再加上国家对于区域经济发展政策的重大不同以及有目的性的财政倾斜，使得人口较为稀少、地域较为广袤、经济相对不发达的西部地区省份有着较高的人均生产性公共资本存量，而人口较为密集、地域相对狭小、经济较为发达的东部地区省份的人均生产性公共资本存量反而相对较低。

为进一步分析中国公共资本存量的区域差异，表3-10报告了1985~

① 由于全社会固定资产投资在按主要行业分时，除了分到31个省份之外，还有一部分属于不分地区，从而导致本节估算的全国公共资本存量（省际合计）与第四节估算的全国公共资本存量存在差异，即本节估算的省际公共资本存量合计数要小于第四节估算的全国公共资本存量。

表 3－9　中国省际人均生产性公共资本存量（1985 年价格）　单位：元/人

地区	1985 年	1987 年	1989 年	1991 年	1993 年	1995 年	1997 年	1999 年	2001 年	2003 年	2005 年	2007 年	2009 年	2011 年	2014 年
北京	2825.92	3143.50	3391.05	3383.45	3771.64	4064.93	4890.22	5757.55	5590.89	6115.50	7061.53	8662.61	9871.59	10787.99	13001.73
天津	1265.44	1371.15	1432.54	1396.63	1527.55	1899.47	2423.84	3125.83	3523.78	4829.15	6517.03	8787.17	12755.88	16718.86	23865.70
河北	217.88	234.27	251.24	258.94	311.36	447.76	773.76	1156.01	1450.95	1859.50	2553.41	3470.54	4759.43	6478.65	9709.83
山西	497.90	525.88	534.74	514.02	565.37	669.82	832.49	1133.91	1418.98	1834.43	2509.10	3508.51	5168.04	7021.02	10992.99
内蒙古	390.39	414.11	419.73	429.89	546.55	708.85	926.03	1220.97	1603.31	2647.29	5242.24	8538.93	12883.38	18497.28	28760.91
辽宁	630.78	685.51	725.35	736.96	825.37	967.22	1151.14	1414.10	1622.13	1956.13	2656.71	3926.14	5872.93	8677.04	13984.53
吉林	310.69	329.52	347.29	349.53	422.88	516.02	665.28	915.19	1169.87	1599.91	2252.49	3457.66	5308.15	7405.30	11350.60
黑龙江	398.14	430.46	463.10	472.13	549.42	695.92	944.05	1276.26	1625.42	2017.96	2533.20	3416.28	4886.03	6758.19	10224.72
上海	1121.02	1280.08	1411.93	1461.84	1800.62	2549.07	3715.85	5013.28	5223.92	6132.09	7740.56	9834.47	12398.53	13081.65	13960.79
江苏	242.72	263.97	279.67	292.27	368.63	502.53	815.76	1227.49	1595.74	2414.99	3546.86	4494.16	5731.58	7259.20	10856.58
浙江	254.20	271.62	290.93	321.26	413.11	647.76	1180.79	1910.84	2625.53	3841.64	5662.68	7381.21	9084.88	10676.07	14984.56
安徽	149.30	158.08	164.81	166.79	185.66	236.09	341.72	497.42	700.24	970.39	1481.18	2271.29	3388.71	4736.47	7249.93
福建	280.49	293.40	311.36	321.87	425.51	690.91	1112.84	1633.40	1992.54	2574.13	3456.24	4920.38	7110.85	9868.92	16034.78
江西	97.66	110.94	118.64	128.34	167.68	256.58	386.97	565.21	796.49	1284.17	2052.47	2906.98	3893.35	5138.37	7467.99
山东	236.86	249.36	261.67	266.70	332.66	447.09	677.31	971.47	1245.13	1828.51	2738.18	3778.43	5310.36	7109.86	10711.61
河南	135.99	143.60	148.12	146.48	181.48	297.15	498.77	736.51	950.22	1326.53	1926.90	2677.22	3566.54	4714.34	6843.67

续表

地区	1985 年	1987 年	1989 年	1991 年	1993 年	1995 年	1997 年	1999 年	2001 年	2003 年	2005 年	2007 年	2009 年	2011 年	2014 年
湖北	259. 20	279. 45	290. 74	295. 71	367. 75	570. 35	872. 92	1291. 96	1816. 13	2392. 71	3087. 35	4093. 35	5534. 43	7451. 49	10937. 98
湖南	166. 68	174. 28	177. 38	182. 59	237. 29	336. 48	487. 83	686. 45	881. 48	1172. 96	1697. 48	2335. 97	3371. 71	4630. 24	7366. 50
广东	584. 11	607. 97	632. 93	671. 69	926. 07	1351. 93	1802. 11	2244. 13	2276. 09	2793. 45	3638. 63	4441. 41	5597. 91	7048. 24	9170. 95
广西	185. 86	194. 64	203. 80	208. 60	271. 70	382. 14	541. 88	781. 80	1006. 06	1328. 99	2000. 94	2906. 10	4211. 06	6598. 34	10622. 89
海南	467. 14	471. 72	512. 72	567. 18	790. 86	1110. 08	1401. 89	1807. 84	2115. 43	2576. 92	2974. 04	3754. 63	5403. 43	7125. 43	10757. 50
重庆	187. 86	198. 68	206. 95	223. 63	278. 56	414. 16	618. 88	962. 45	1433. 77	2245. 02	3559. 40	5352. 98	7627. 78	10601. 99	15451. 05
四川	207. 63	218. 99	229. 26	237. 62	278. 37	371. 80	553. 76	856. 27	1189. 21	1648. 80	2307. 41	3286. 63	4786. 96	6953. 54	10948. 94
贵州	165. 32	171. 69	172. 86	170. 56	192. 40	243. 80	320. 48	454. 41	672. 88	1049. 81	1624. 25	2310. 50	3216. 03	4656. 27	8921. 46
云南	283. 23	292. 18	300. 48	308. 30	368. 88	454. 31	632. 77	884. 79	1106. 85	1434. 72	2004. 71	2920. 58	4126. 00	5686. 12	8466. 05
西藏	1546. 55	1510. 15	1551. 40	1591. 90	1854. 39	2318. 41	2618. 75	3189. 36	4184. 03	6029. 92	8350. 00	10548. 85	13904. 69	18977. 40	30417. 36
陕西	340. 27	359. 17	367. 08	368. 19	406. 96	479. 37	614. 69	860. 94	1091. 96	1477. 08	2133. 32	3184. 12	4888. 18	7098. 60	10949. 17
甘肃	229. 85	249. 41	263. 00	262. 82	290. 30	330. 98	468. 10	714. 46	1017. 63	1396. 30	1905. 92	2643. 33	3899. 52	5988. 50	10964. 58
青海	1138. 20	1133. 15	1105. 39	1036. 11	1058. 36	1188. 28	1462. 49	1756. 96	2341. 78	3154. 98	4127. 01	5489. 82	7266. 67	9448. 21	16836. 16
宁夏	505. 03	528. 00	535. 21	531. 66	605. 51	748. 56	1013. 97	1349. 35	1813. 70	2516. 59	3447. 42	4586. 84	6195. 64	8524. 36	12866. 56
新疆	687. 22	710. 52	729. 60	716. 51	783. 19	891. 90	1148. 77	1556. 86	1887. 14	2488. 71	3190. 14	3817. 48	4925. 17	6462. 46	11209. 87
全国	516. 44	548. 56	575. 19	581. 30	680. 84	864. 18	1157. 94	1546. 89	1869. 98	2481. 91	3418. 67	4635. 63	6353. 08	8457. 43	12770. 58

资料来源：由作者估算而得。

表 3－10　中国区域公共资本存量及生产性公共资本存量（1985 年价格）　单位：亿元

区域	生产性公共资本存量（KP）							公共资本存量（K）						
	1985 年	1990 年	1995 年	2000 年	2005 年	2010 年	2014 年	1985 年	1990 年	1995 年	2000 年	2005 年	2010 年	2014 年
东部	1733	2183	3989	9048	18971	41072	67405	1770	2479	4790	10998	22153	48659	80997
中部	771	929	1658	4101	8857	21215	36638	787	1059	2000	4938	10277	24831	43513
西部	843	986	1585	3759	9158	23829	45259	860	1125	1943	4589	10498	27498	52870
东北	436	536	787	1461	2701	7343	13184	445	610	977	1866	3205	8523	15484
北部沿海	677	860	1365	2962	6047	14043	24073	691	976	1670	3663	7080	16501	28657
东部沿海	390	505	996	2871	6981	13396	20282	398	573	1182	3380	8005	15997	24869
南部沿海	434	531	1233	2580	4821	10400	16910	444	603	1442	3117	5726	12429	20328
黄河中游	416	485	807	1899	4696	12349	21805	425	554	984	2316	5375	14240	25648
长江中游	332	406	790	2062	4628	10956	19127	339	462	942	2452	5349	12823	22694
西南	424	500	874	2253	5321	13717	25705	433	570	1059	2705	6113	15872	30114
大西北	239	275	380	818	1790	3912	8217	244	314	477	1027	2075	4603	9587
全国	3347	4098	7232	16907	36985	86117	149302	3418	4663	8733	20525	42928	100987	177380

注：根据“七五”计划和西部大开发战略的划分标准，东部地区包括北京、天津、河北、辽宁、上海、江苏、浙江、福建、山东、广东和海南；中部地区包括山西、吉林、黑龙江、安徽、江西、河南、湖北和湖南；西部地区包括内蒙古、广西、重庆、四川、贵州、云南、西藏、陕西、甘肃、青海、宁夏和新疆。同时，借鉴国务院发展研究中心八大经济区域的划分方法，其中东北包括辽宁、吉林和黑龙江；北部沿海包括北京、天津、河北和山东；东部沿海包括上海、江苏和浙江；南部沿海包括福建、广东和海南；黄河中游包括陕西、山西、河南和内蒙古；长江中游包括湖北、湖南、江西和安徽；西南包括云南、贵州、四川、重庆和广西；大西北包括西藏、甘肃、青海、宁夏和新疆。

资料来源：由作者估算而得。

2014 年中国区域公共资本存量（K）及生产性公共资本存量（KP）的估算结果（限于篇幅，仅列举了 7 个代表性年份数据）。

分区域来看，如图 3 - 2 所示，中国生产性公共资本存量由东向西呈阶梯式分布，东部地区最多，中部地区次之，西部地区最少。可以发现，生产性公共资本存量的区域分布呈现出明显的“核心—外围”区域特征，即以东部沿海地区为核心，以广大的中西部地区为外围的发展格局。但是，西部地区的生产性公共资本存量自 1998 年以来始终保持着高于东部、中部地区的增长水平，1998 ~ 2014 年西部地区生产性公共资本存量年均增长率为 19.44%，而东部、中部地区同期年均增长率仅分别为 15.55% 和 17.28%。这一结论与刘生龙和胡鞍钢（2010）不谋而合，他们研究发现，1999 ~ 2007 年中国西部地区的交通投资实际年均增长率为 20.70%，高于东部、中部地区的实际年

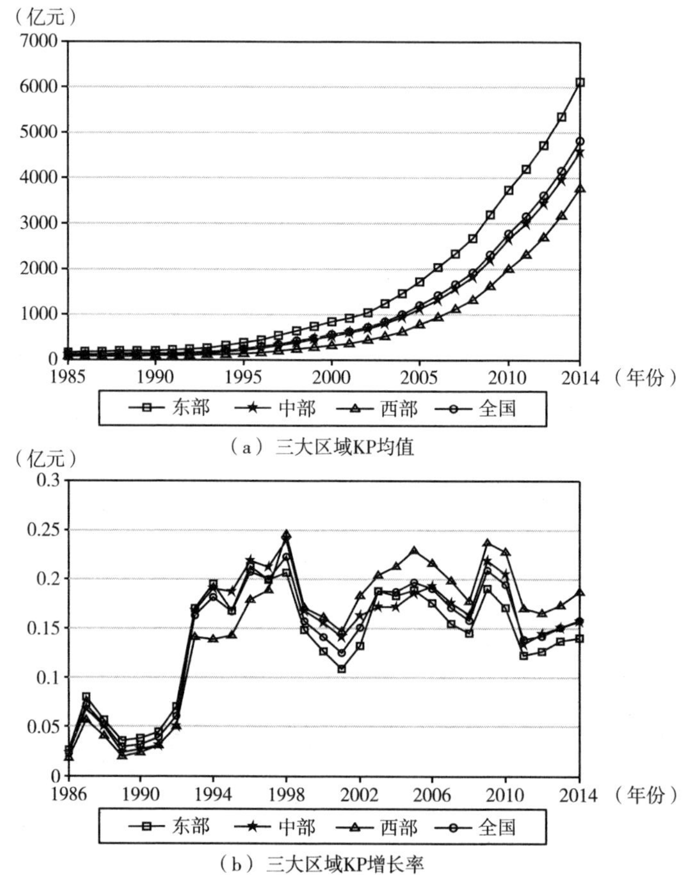

（a）三大区域KP均值

（b）三大区域KP增长率

图 3 - 2　1985 ~ 2014 年中国三大区域生产性公共资本存量均值及增长率趋势

资料来源：由作者估算而得。

均增长率 19.70%。我们认为，这与西部大开发战略的实施有密切关联。正如张晏和龚六堂（2005）指出的一样，西部大开发战略的实施使得西部地区的基本建设支出和发展支出比重快速上升，从而带动了生产性公共资本存量的有效积累。可见，公共资本存量水平与经济发展水平间大致呈现正相关的关系，但公共资本存量水平并不是经济发展水平的决定因素（朱军和姚军，2017），西部大开发、中部地区崛起等国家战略的实施虽然能在短期内改变公共资本存量水平，但并不能在短期内改变区域间经济发展水平的差异。

若进一步将全国按八大区域[①]划分，图 3-3 显示，东部沿海地区生产性

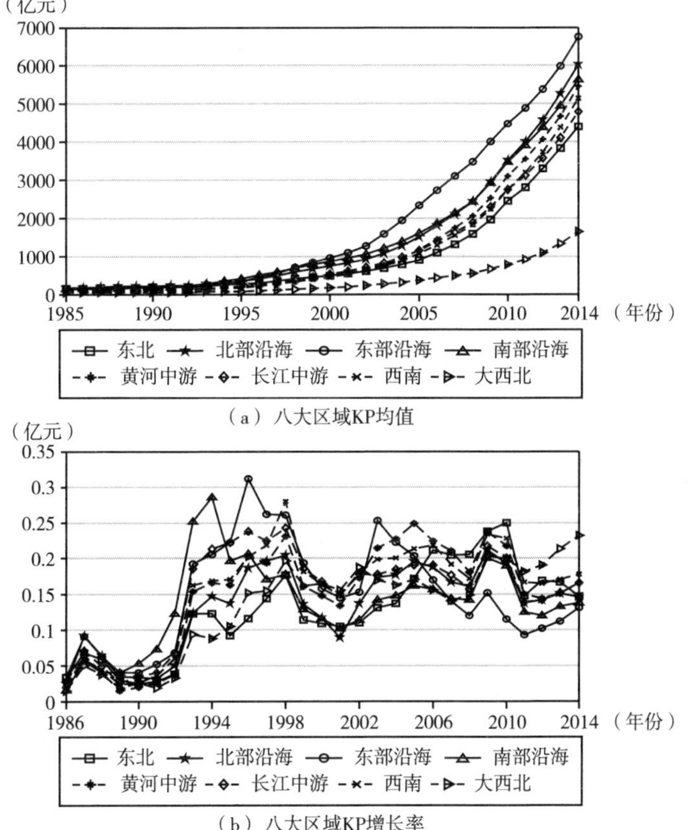

图 3-3　1985~2014 年中国八大区域生产性公共资本存量均值及增长率趋势

资料来源：由作者估算而得。

① 鉴于我国幅员辽阔，各地区自然环境、地理位置以及经济发展水平等因素存在较大差异，此处借鉴国务院发展研究中心八大经济区域的划分方法，从社会经济发展角度将全国划分为东北、北部沿海、东部沿海、南部沿海、黄河中游、长江中游、西南以及大西北八大区域。下同。

公共资本存量在 1993 年后迅猛增长并远高于其他区域，2014 年达到均值 6760.61 亿元；北部沿海、南部沿海、黄河中游、西南、长江中游、东北地区生产性公共资本存量走势较为一致且相互差距不大；大西北地区的生产性公共资本存量在样本期内明显低于其他区域且与其他区域的差距不断扩大，2014 年达到均值 1643.31 亿元，仅占同期东部沿海地区的 24.31%。由此可见，沿海地区的公共资本存量明显处于全国领先水平。随着西部大开发、振兴东北老工业基地以及中部崛起等战略的有效实施，黄河中游、西南、长江中游以及东北地区的基础设施建设进程不断加快，这些地区的公共资本存量在总资本存量中持续占有很大的比重。但是，与沿海地区相比，西藏、甘肃、青海、宁夏和新疆等大西北地区的公共投资还处于严重不足状态，基础设施建设的匮乏可能成为上述地区经济发展的重要“瓶颈”。

第六节　本章小结

改革开放以来，中国经济的高速增长引发众多学者对中国经济增长源泉的深入探索，公共资本作为我国资本投入的重要组成部分也被寄予了极大关注。但是，多数研究对公共资本投入的估算未进行严格的界定也未达成统一的规范。本章在理清资本投入估算基本原理和方法的基础上，通过合理界定公共资本内涵及统计范围，基于永续盘存法、“年龄—效率”函数谨慎测算了 1985～2014 年全国以及 31 个省份的公共资本存量和生产性公共资本存量。其中，考虑到折旧率对资本存量测算的重要影响，我们未使用经验假定折旧率或简单使用综合折旧率，而是运用资产价值公式推导出资产折旧率的时间序列数据。研究结果表明：（1）不同学者的公共资本存量估算结果差异是非常明显的，这种差异主要体现于基期公共资本存量的估算、当年公共资本投资序列的选取以及资产折旧率的估算；（2）与公共资本存量相比，生产性公共资本存量通过综合考虑资产退役以及资本在使用过程中的效率损失和磨损，更能反映实际服务于生产过程的公共资本投入规模；（3）总体上，我国生产性公共资本存量在 1993 年前增长缓慢，1993 年后增速明显加快，1998 年和 2009 年金融危机时期我国以增加公共投资为主的积极财政政策的实施进一步推动了生产性公共资本存量的迅速积累；（4）区域上，生产性公共资本存量由东向西呈阶梯式分布，东部沿海地区公共资本存量明显处于领先水平，而大西北地区的公共投资处于严重不足状态，区域分布呈现出明显的“核心—外围”区域特征，即以东部沿海地区为核心，以广大的中西部地区为外围的发展格局，但西部地区的生产性公共资本存量自1998年以来始终保持着高于东部、中部地区的增长水平；（5）省际上，山东、广东、四川、江苏和浙江的生产性公共资本存量处于全国领先水平，而青海、海南、西藏和宁夏的生产性公共资本存量处于落后状态，若进一步消除人口规模的影响，西藏、内蒙古及天津的人均生产性公共资本存量增长最为迅速，各省份之间生产性公共资本存量的差异巨大。

本章经验分析所蕴含的启示是：首先，公共资本投入的准确测算是进行公共投资相关研究以及揭示了解公共政策实施效果的关键所在，但受制于相关统计数据的缺失，目前公共资本投入估算结果差异明显且并未形成权威的公共资本投入数据。因此，我们应重点借鉴OECD国家资本投入核算的丰富实践经验，对公共资本核算的基础数据进行整理、公布，明确并统一中国资本投入核算体系进而形成系统权威的测算结果。其次，由于资本在经济活动中的贡献和作用取决于“筹资—投资—积累—运行”的资本运动过程，因此在进行公共投资时，应实行科学的规制管理和市场化改革，充分考虑公共资本过度投资的风险，根据各地的实际发展情况进行合理的投资，将公共资本投入控制在科学合理的范围，充分发挥货币政策和财政政策调整要素配置的作用，激励生产性公共资本投入以提升公共资本的利用效率，使经济保持协调、适度的高增长。最后，我国中部、西部地区尤其是大西北地区的公共基础设施资本相对匮乏是非常明显的，继续保持积极的公共投资政策并适当向中部、西部地区倾斜以逐步缩小区域差距应当是我国保持较高经济增长率的重大战略，同时，通过制定公共资本投入的长远发展规划，健全和完善公共资本投入的体制机制，实现我国公共资本投入的区域均衡化。

第四章　中国公共资本投入的经济增长效应研究

对具有典型外部性的公共基础设施进行投资，历来是政府的重要职责，也是政府调控经济、促进经济增长的重要手段（张学良，2012）。在经济全球化背景下，大规模财政刺激计划已成为各国政府应对金融危机、调节经济的主要工具（朱军和许志伟，2018）。例如，德国2008年提出的“经济刺激计划Ⅰ和Ⅱ”（*Konjunkturpakete Ⅰ and Ⅱ*）、美国2009年颁布的《经济复苏和再投资法》（*Recovery and Reinvestment Act*）、中国政府2009年实施的“四万亿（元）”财政计划以及当前我国政府提倡的供给侧结构性改革等，都把加速基础设施建设等公共投资作为重大举措。尽管公共基础设施投资是各国政府调控经济时普遍采用的手段，但其对宏观经济的动态影响可能因经济结构的差异而不同。在此背景下，我们关心的是，包括公共基础设施在内的公共资本投入促进中国经济增长了吗？因此，本章试图对公共资本投入的经济增长效应展开理论分析和实证检验，以期获取中国公共资本投入与经济增长之间关系的经验支撑。

第一节　引　言

自20世纪60年代以来，公共资本投入对经济增长的影响及其作用机制，一直是经济学界的一个重要研究内容（贾俊雪等，2006）。国内外学者从理论和实证两方面对此进行了深入探讨，但由于研究对象、研究方法以及考察数据的不同，学者们对公共投资的经济增长效应远未达成统一意见。

一方面，部分学者研究认为公共资本投入促进了经济增长。例如，阿罗和库尔茨（Arrow & Kurz，1970）最早将公共资本存量纳入新古典增长模型框架进行考察，他认为即使没有外生技术进步，生产性公共资本投资的引入也能实现经济的长期增长；阿肖尔（Aschauer，1989）以美国 1949 ~ 1985 年时间序列为样本，研究发现公共资本的产出弹性为 0.39，并指出美国 1970 ~ 1985 年全要素生产率的下降应归咎于公共资本增速的降低；巴罗（Barro，1990）基于单部门的内生增长模型分析公共投资对经济增长的影响，认为公共投资能使经济产生持续的内生增长；娄洪（2004）从外生和内生公共基础设施资本动态模型两个方面考察了公共基础设施资本促进长期经济增长的动力机制；张学良（2012）通过构建交通基础设施对区域经济增长的空间溢出模型，发现中国交通基础设施对中国区域经济增长具有重要作用且空间溢出效应显著。

另一方面，部分学者研究发现公共资本投入对经济增长的拉动作用不明显甚至为负。阿肖尔和格林伍德（Aschuauer & Greenwood，1985）研究表明，当公共投资与区域发展不相适宜时，会导致税收增加，降低投资的收益率，挤出私人投资，进而降低该区域经济增长速度；德瓦拉贾等（Devarajan et al.，1993）利用 69 个发展中国家 1970 ~ 1990 年的数据，构建单部门新古典增长模型进行经验分析，发现资本、交通和通讯、保健和教育等支出与经济增长或是负相关，或是不相关；庄子银和邹薇（2003）认为我国公共支出过程中大量“调整成本”的作用使得公共支出对经济增长的总体效应下降，甚至出现负效应；付文林和沈坤荣（2006）利用协整分析方法研究发现，中国公共支出比率与实际经济增长率之间存在反向变动关系；密特拉（Mitra，2006）利用 SVAR 模型实证发现 1969 ~ 2005 年印度公共投资对私人投资具有挤出效应，对经济增长也存在负面影响；盐尻（Shioji，2012）通过建立时变 VAR 模型发现，公共投资对产出的影响具有下降趋势，而公共投资挤出私人投资的影响却越来越明显。

另外，还有些学者研究认为公共资本投入对经济增长的作用并不确定。巴罗（Barro，1990）将公共投资纳入企业生产函数得到一个使经济效应最大化的最优公共投资规模：当公共投资低于最优规模时，其对经济增长具有积极作用，当公共投资高于最优规模时，其对经济增长具有负面影响；特诺斯基和费希尔（Turnovsky & Fisher，1995）利用中央计划者模型分析指出，公共资本投入对经济增长的影响存在着两种相反的效应，最终的影响取决于这两种效应的大小关系；弗纳尔德（Fernald，1998）分析了美国高速公路投资增长对运输密集行业的影响，发现类似于高速公路建设的基础设施投资只能短暂地提高经济增长率，而超过饱和点的基础设施建设对于经济增长率的刺激作用将大大下降；郭庆旺和贾俊雪（2006）通过建立包含政府公共资本投资的两部门内生增长模型研究发现，公共物质资本投资和公共人力资本投资对长期经济增长都可能具有正效应也可能具有负效应，取决于民间经济主体消费跨时替代弹性的大小。

可见，相关理论研究大多认为公共资本投入对经济增长具有促进作用，但实证研究却发现公共资本投入并不一定总能促进经济增长，且经济发展水平不同的国家公共资本投入对经济增长的影响差别也较大。种种说法，莫衷一是。问题在于，上述文献中大多是将公共投资流量直接纳入生产函数，这种做法解释的经济现象十分有限（娄洪，2004）。正如张勇和古明明（2011）指出的，在西方经典假定下，公共投资主要是非生产性的，直接进入计量模型即使有统计上的意义，也无实际经济意义，很多研究由于忽略了流量和存量的区别，基于流量指标对公共资本投入与经济增长的相关关系进行分析，导致理论假定和现实严重不符，因为私人部门的投资决策可能既取决于新增公共投资，也可能取决于现有公共投资规模，即公共资本既有存量，这种存量往往反映现有基础设施的完善程度。由此说明，若在模型中仅考虑公共投资流量则无法全面反映公共资本投入的经济增长效应。即使部分文献将公共资本存量纳入生产函数进行了分析，但其中对公共资本存量的估算均略显粗糙，对各关键性指标的选取也没有作详细及谨慎的说明。并且，我们应该注意，纳入生产函数的不应当是整个公共资本存量，而应当是实际参与生产过程的公共资本投入量（Glomm & Ravikumar，1994）。因此，在谨慎估算中国公共资本投入的基础上，将公共资本投入量纳入生产函数，实证研究中国公共资本投入对经济增长的影响就显得十分必要。

另外，现有研究大多仅仅关注了公共资本投入是否存在生产效应，而没有考虑公共资本投入对经济增长的空间溢出效应，从而忽略了公共基础设施可能会使当地的经济活动转移到其他地区（Boarnet，1998；Cantos et al.，2005；张学良，2012）。公共基础设施将各个区域的经济活动连成整体，通过扩散效应使经济增长较快地区带动增长较慢地区的经济发展，从而表现出正的空间溢出效应；同时，公共基础设施也可能通过集聚效应使生产要素更方便地流向经济发达地区，导致一个地区的经济发展可能会以其他地区的经济衰退为代价，从而表现出负的空间溢出效应。因此，我们有必要从空间溢出的视角研究公共资本投入对区域经济增长的作用。

有鉴于此，本章首先搭建公共资本投入与经济增长间关系的理论框架，然后在对中国经济增长与公共资本投入的空间相关性进行检验的基础上，采用前述估算的中国省际公共资本投入数据，分别运用静态空间面板模型和动态空间面板模型对中国省际公共资本投入的经济增长效应展开实证研究，并进一步探讨东部、中部、西部地区公共资本投入的经济增长效应差异，以期获取中国公共资本投入与经济增长之间关系的经验支撑。

第二节　理论分析

为了从经济自身运行机制来说明长期经济增长，自 1980 年以来，内生增长理论把公共投资引入经济增长模型当中，使其成为除资本、劳动和技术进步等基本要素之外能够长期影响经济增长速度和路径的又一重要变量（张海星，2004）。因此，我们借助巴罗（Barro，1990）的内生增长模型对公共资本投入的经济增长效应进行分析，但由于巴罗（Barro，1990）是将公共投资作为流动变量纳入宏观经济生产函数进而影响私人资本的边际生产率，此处我们借鉴阿罗和库尔茨（Arrow & Kurz，1970）、于长革（2004）、刘卓珺和于长革（2006）的做法对上述模型做了部分修改，即公共投资通过直接资本形成增加资本存量从而促进内生经济增长。

一、基本模型

假定在封闭经济中无限期存活的代表性家庭寻求其下列效用的最大化：

$$U = \int_0^{\infty} u(c)e^{-\rho t}dt \tag{4.1}$$

其中，c 是人均消费，$\rho>0$ 作为常数表示时间偏好率，人口数量和工人与消费者的人数是一致和固定的。因此，可假定即时效用函数为：

$$U(c) = \begin{cases} \dfrac{c^{1-\sigma}-1}{1-\sigma}, \sigma>0 \text{ 且 } \sigma \neq 1 \\ \ln c, \sigma = 1 \end{cases} \tag{4.2}$$

其中，边际效用有固定的弹性$\dfrac{1}{\sigma}$。

另假定每个家庭—生产者的生产函数为：

$$y = f(k) \tag{4.3}$$

其中，y 和 k 分别代表工人平均的人均产出和人均资本，每个工人的工作时间是给定的，即不存在劳动—闲暇选择。代表性家庭效用，即式（4.1）的最大化，意味着在每一时点上消费的增长率为：

$$\frac{\dot{c}}{c} = \left(\frac{1}{\sigma}\right)(f' - \rho) \tag{4.4}$$

其中，f'表示资本的边际产出。假定广义资本的规模收益不变，即：

$$y = Ak \tag{4.5}$$

其中，$A > 0$ 表示资本不变的净边际产出。

在资本包括人力资本和非人力资本时，规模收益不变假设比较合理。其中，人力投资包括教育、培训和抚养孩子的费用，人力资本和非人力资本在生产中不需要相互完全可替代，生产只是对这两种资本表现出规模收益固定的特点，但每一种资本仍是规模收益递减。把 $f' = A$ 代入式（4.4）得到：

$$\gamma = \frac{\dot{c}}{c} = \left(\frac{1}{\sigma}\right)(A - \rho) \tag{4.6}$$

其中，γ 表示人均增长速度。假定技术的生产可以保证稳态增长率为正，但又不至于产生无界的效用，这种条件可以表示为：

$$A > \rho > A(1 - \sigma) \tag{4.7}$$

其中，不等式的前一部分意味着 $\gamma > 0$，后一部分在 $A > 0$，$\rho > 0$ 和 $\sigma \geqslant 1$ 时成立，它保证人们可获得的效用是有界的。

在这个模型中，经济总是处于稳态增长，所有变量即 c、k 和 y 都按式（4.6）表示的 γ 增长。给定初始的资本存量 $K(0)$，可以求出所有变量的大小，特别是由于净投资等于 γk，初始的消费水平可以表示为：

$$c(0) = k(0) \cdot (A - \gamma) \tag{4.8}$$

二、公共投资与内生经济增长

假定经济仅有一个典型无限寿命的个人，其目标是实现效用贴现流量的最大化，即：

$$C(t) = \max_{\{c(t)\}} \int_0^{\infty} U[c(t)] e^{-rt} dt \tag{4.9}$$

其中，$C(t)$表示私人消费，r表示主观不变贴现率，效用函数$U(\cdot)$是严格凹函数，且$U'(\cdot)<0$。假设劳动供给无弹性且恒定不变，即$n=0$，$L(t)=1$，因此所有变量都是人均数，个人的预算约束随政府征税的变化而变化。

假定经济中的生产部门由许多相同的企业构成，因此可用一个企业做代表，其柯布道格拉斯（Cobb—Douglas）函数可表示为：

$$Y(t) = aK(t)^{1-\alpha}G(t)^{\alpha} \tag{4.10}$$

其中，$Y(t)$表示宏观经济产量，a是正常数，$K(t)$表示物质资本存量，$G(t)$表示公共资本存量，在模型中未考虑挤出效应。同时，假定在自由竞争条件下，资本的成本$i(t)$和工资率$W(t)$分别等于各自的边际产量，即

$$i(t) = (1-\alpha)aK(t)^{1-\alpha}G(t)^{\alpha} \tag{4.11}$$

$$W(t) = \alpha aK(t)^{1-\alpha}G(t)^{\alpha} \tag{4.12}$$

假定政府通过征税来筹集财政收入并用于公共基础设施投资$G(t)$、公共消费$Cp(t)$、一次总付性转移支付$Tp(t)$和投资补贴$\theta K(t)$。同时，我们假定政府预算保持平衡，即政府筹集到多少财政收入，便将相关收入按比例全部用于公共投资、公共消费、转移支付和投资补贴，既不存在盈余也不留缺口。如果用$T(t)$表示t时期的税收收入，那么政府预算约束可表示为：

$$T(t) = G(t) + Tp(t) + Cp(t) + \theta K(t) \tag{4.13}$$

我们用φ_1、φ_2分别表示税收收入用于转移支付和公共消费的部分，其中，$\varphi_1+\varphi_2<1$，$\varphi_j \in (0,1)$，$j=(1,2)$，则可以得到：

$$Tp(t) = \varphi_1 T(t) \tag{4.14}$$

$$Cp(t) = \varphi_2 T(t) \tag{4.15}$$

将式（4.14）和式（4.15）代入式（4.13）中，政府预算约束则可表示为：

$$T(t) = G(t) + (\varphi_1+\varphi_2)T(t) + \theta K(t) \tag{4.16}$$

假定政府支出用同期的所得税来筹集收入，根据上述有关条件，个人的

预算约束则可表示为：

$$C(t)=K(t)=[W(t)+i(t)K(t)](1-\tau)+\theta K(t)+Tp(t) \quad (4.17)$$

其中，所得税税率 $\tau\in(0,1)$，投资补贴 $\theta\in(0,1)$ 并以年单位总投资的消费品计量。在解效用最大化问题时，典型个人把 $Tp(t)$ 看作是既定的。为保持一般性，我们假定物质资本与公共资本的折旧率为零。

然后，我们运用庞特里亚金（Pangteliyajin）最大化原则来解典型个人效用最大化问题，该问题的现值哈密尔顿（Hamilton）函数可以表示为：

$$H(\cdot)=U(C)+\gamma[-C+(W+iK)(1-\tau)+Tp]/(1-\theta) \quad (4.18)$$

于是，必要最优条件为：

$$\gamma=U_c(C)(1-\theta) \quad (4.19)$$

$$\gamma=\gamma r-\gamma\left[\frac{1-\tau}{1-\theta}\right]i \quad (4.20)$$

$$K=\frac{-C+(W+iK)(1-\tau)+Tp}{1-\theta} \quad (4.21)$$

由于 $H(\cdot)$ 是控制变量和状态变量上的联合凹函数，在有限横截性条件 $\lim_{t\to\infty}e^{-rt}\gamma(N-K^*)\geqslant 0$ 得到满足的情况下（K^* 表示资本的最优值），最优必要条件也是充分条件。

已知在均衡状态下 $T(t)=\tau aK(t)^{1-\alpha}G(t)^{\alpha}$ 成立，政府的预算约束则可以另外表示为：

$$\tau aK(t)^{1-\alpha}G(t)^{\alpha}=G(t)+(\varphi_1+\varphi_2)\tau aK(t)^{1-\alpha}G(t)^{\alpha}+\theta K(t) \quad (4.22)$$

这等同于：

$$G(t)=\tau aK(t)^{1-\alpha}G(t)^{\alpha}[1-(\varphi_1+\varphi_2)]-\theta K(t) \quad (4.23)$$

利用均衡条件 $i=(1-\alpha)aK^{1-\alpha}G^{\alpha}$，$W=\alpha aK^{1-\alpha}G^{\alpha}$ 和定义 $Tp=\varphi_1\tau aK^{1-\alpha}G^{\alpha}$ 以及表示公共资本变化的方程式，我们可以用下列一组微分方程来描述经济发展：

$$\frac{\dot{C}}{C}=\frac{1}{\sigma}\left[-r+(1-\alpha)\left(\frac{1-\tau}{1-\theta}\right)aK^{1-\alpha}G^{\alpha}\right] \quad (4.24)$$

$$\frac{\dot{K}}{K} = -\frac{C}{K}\frac{1}{1-\theta} + \frac{1-\tau(1-\varphi_1)}{1-\theta}aK^{1-\alpha}G^{\alpha} \tag{4.25}$$

$$\frac{\dot{G}}{G} = A\left(\frac{K}{G}\right)^{1-\alpha}\left(\tau(1-\varphi_1-\varphi_2) - \frac{\theta[1-\tau(1-\varphi_1)]}{1-\theta}\right) + \frac{\theta}{1-\theta}\frac{C}{G} \tag{4.26}$$

其中，$-\sigma = -U_{CC}(C)C/U_C(C)$为常数，表明边际效用弹性不变。

根据式（4.24）、式（4.25）、式（4.26）组成的微分方程组所表示的经济运行状况，我们可以看出，物质资本存量的增加会引起物质资本的边际产量下降。但是，如果物质资本存量增加所引起的边际产量下降由公共资本投资来弥补，经济就能保持持续的人均增长。原因在于，私人资本随着投资数量的递增，私人资本边际收益率递减，投资回报率的下降导致私人减少投资，造成投资需求不足，进而导致经济增长率下降。此时，如果政府增加基础产业以及基础设施的公共投资，由于公共投资提供的是具有非竞争性和非排他性的公共产品，它们具有很强的正外溢性，其显著的溢出效应为私人投资者无偿享受，不仅弥补了私人因投资增加所造成的边际产量损失，而且也为私人投资创造了良好的外部环境，提高了私人投资回报率。同时，公共投资通过直接资本形成增加了资本存量，从而促进了经济增长。因此，公共资本投入同时具有对经济增长的直接效应、降低私人资本投资成本的间接效应以及基础设施网络的显著空间溢出效应。

关于公共资本的空间溢出效应，伯拉特（Boarnet，1998）、坎托斯等（Cantos et al.，2005）、张学良（2012）、陈碧琼等（2013）的研究均表明，包括公共基础设施在内的公共资本投入具有典型的外部性和网络性，公共基础设施对产出增长的影响不仅仅局限于公共基础设施所在的地区，还应该包括其相邻地区。公共资本投入的空间溢出效应的作用机制如下：一方面，公共基础设施将各个区域的经济活动连成整体，通过扩散效应使经济增长较快地区带动增长较慢地区的经济发展，从而表现出正的空间溢出效应；另一方面，公共基础设施可以改变当地的吸引力，提升该区域的区位优势和竞争优势，可能通过集聚效应使生产要素更方便地流向经济发达地区，导致一个地区的经济发展可能会以其他地区的经济衰退为代价，从而表现出负的空间溢出效应。因此，在分析公共资本投入对区域经济增长的总效应时，我们也需要考虑其空间溢出效应，否则就有可能高估或者低估公共资本投入对区域经济增长的作用。

第三节 实证模型、变量选取与数据说明

一、空间相关性

（一）全域空间相关性检验

空间计量经济学理论认为，一个地区空间单元上的某种经济地理现象或某一属性值与邻近地区空间单元上同一现象或属性值是相关的。大多数研究也表明，空间的相互作用和相互依赖是经济活动空间分布和变化的显著原因（蒋伟，2009）。因此，采用空间计量经济模型来研究中国省际公共资本投入与经济增长的关系可能具有更强的解释力度。因此，我们首先需要检验中国省际公共资本投入是否存在空间相关性。我们采用莫兰（Moran，1950）提出的空间相关性指数 Moran I 指数对中国省际公共资本投入以及经济增长的空间分布特征进行分析，Moran I 指数的计算公式为：

$$Moran\ I = \frac{\sum_{i=1}^{n}\sum_{j=1}^{n} W_{ij}(Y_i - \bar{Y})(Y_j - \bar{Y})}{S^2 \sum_{i=1}^{n}\sum_{j=1}^{n} W_{ij}} \tag{4.27}$$

其中，$S^2 = \frac{1}{n}\sum_{i=1}^{n}(Y_i - \bar{Y})^2$，$\bar{Y} = \frac{1}{n}\sum_{i=1}^{n} Y_i$，$i$ 和 j 表示各地区，n 为地区总数（此处为 31），Y_i 和 Y_j 分别表示第 i 个和第 j 个省份的观察值，W_{ij}表示空间权重矩阵。

Moran I 指数的取值范围为 $-1 \leqslant I \leqslant 1$，Moran I 指数大于 0 表示存在空间正相关，小于 0 表示存在空间负相关，其绝对值越大表明空间相关性越显著。具体来说，当变量在邻近区位上有相似属性值时，空间模式整体上就表现为正的空间相关性；当在空间邻接的目标区域上数据特征具有明显的不相似属性值时，就表现为负的空间相关性；当变量之间的属性独立分布时，则显示出零空间自相关性。

空间权重矩阵的构建是计算 Moran I 指数的关键。为了保证实证研究的稳健性，此处我们采用两种方法构建空间权重矩阵：一是邻近空间权重矩阵，即根据各区域是否存在共同边界来判断区域之间是否相邻，相邻区域赋值为

1，否则赋值为0，并假定同一区域不与自己空间相邻。为了避免“孤岛效应”，我们假定海南与广东、广西两个省份相邻。二是距离空间权重矩阵，由于我国部分地区在地理位置上虽然并不邻接，但是相互之间的经济影响非常显著，如北京对东北、华北地区的影响、上海对长江流域的影响等，并且在以政府为主导的经济发展模式下，各省份的省会城市是各地区的经济重心地带，省会城市间的距离可以代表各地区间的地理距离。因此，我们借鉴钟水映和李魁（2010）、陈碧琼等（2013）的方法，基于地理距离衰减函数得到距离权重矩阵，其具体公式为：

$$W_{ij} = \exp(-d_{ij}\omega) \tag{4.28}$$

其中，d_{ij}表示各直辖市以及各省份省会城市间的直线距离；ω 由各城市间平均距离以及距离衰减函数 κ 决定，κ 表示相互影响的强度随地理距离衰减的速率，κ 越大则衰减越快，其表达式为：

$$\kappa = 1 - \exp(-\omega D) \tag{4.29}$$

其中，D 表示城市间的平均距离。参照钟水映和李魁（2010）的做法，此处将 κ 赋值为0.5。为了方便使用空间滞后项来解释邻近区域的加权平均，我们需要对上述两个空间权重矩阵进行标准化处理，其权重矩阵形式可表示为：

$$\begin{bmatrix} W_{1994} & 0 & 0 & 0 \\ 0 & W_{1995} & 0 & 0 \\ 0 & 0 & \cdots & 0 \\ 0 & 0 & 0 & W_{2014} \end{bmatrix}_{651\times 651} \tag{4.30}$$

其中，由于各区域相邻与否以及各省会城市间距离不会随时间变化，因此，$W_{1994} = W_{1995} = \cdots = W_{2014}$。

我们采用GeoDA0.9.5－i对空间相关性进行检验，图4－1分别给出了中国省际公共资本投入KP以及各省份GDP的Moran I指数，Moran I指数均通过了显著性检验。具体变量和数据的选取将在下文详细说明，此处不再赘述。空间相关性检验结果表明，我国省际公共资本投入KP以及各省份GDP两个指标在分布上均存在显著的正自相关性和空间依赖性。其中，样本期间内，GDP的Moran I指数大致为0.27～0.30，并且从1994～2014年Moran I指数变化趋势非常平稳，说明我国省际经济增长具有趋向集聚的内在动力，具体表现为经济发展较快的省市与经济发展较快的省市相靠近，经济发展较慢的省市和经济发展较慢的省市相靠近。中国省际公共资本投入 KP 的 Moran I 指数从 1994 年的趋近于 0 逐步上升，在 2008 年达到最大值 0.19，自相关性呈现逐年加强的趋势，然后平缓下降到 2014 年的 Moran I 指数 0.09。可见，自 20 世纪 90 年代以来，中国省际公共资本投入量的空间分布并非表现出完全随机状态，而是表现出相似值之间明显的空间集群特征，从而再次印证了中国省际公共资本投入分布呈现明显的“核心—外围”区域特征。

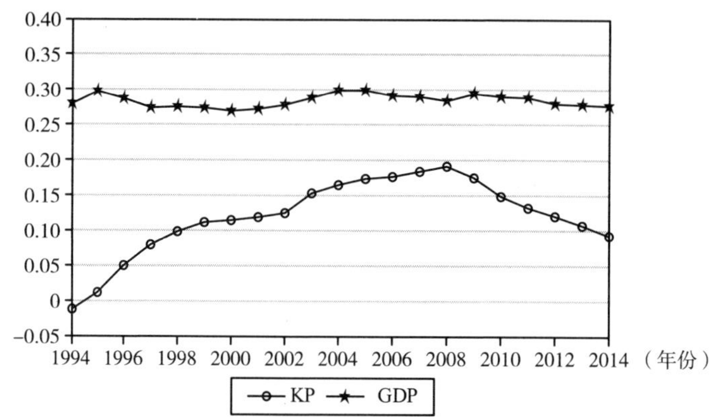

图 4－1　中国省际公共资本投入与 GDP 的 Moran I 指数趋势

资料来源：作者根据 GeoDA 软件计算而得。

值得注意的是，与 GDP 相比，中国省际公共资本投入 KP 的 Moran I 指数的波动趋势更能反映中央以及地区政府的宏观调控政策的效果。为了应对 2008 年国际金融危机的冲击，中国中央政府实施的总额达四万亿的经济刺激计划绝大多数都投向了公共基础设施领域，并主要向中部、西部地区以及农村地区倾斜，从而导致 2008 年我国公共资本投入在各区域间的均等化程度有所提高，因此公共资本投入 KP 的 Moran I 指数在 2008 年达到最大值。但不可否认，东部沿海地区的公共资本投入仍然处于全国领先水平。

（二）局部自相关检验

全域空间相关性反映了空间变量的整体空间相关状况，但可能会忽略局部地区的非典型性特征（Anselin，1995；邵帅等，2016）。因此，为了进一步检验中国省际公共资本投入是否存在观测值局部空间集聚，并考察哪些区域单元对于全局自相关贡献相对较大以及是否存在局部不稳定性，我们采用空间联系的局部指标 LISA、Moran I 散点图进行公共资本投入水平的局部自相关检验。Moran I 散点图一般用来考察局部的空间不稳定性；LISA 局部指标用来揭示局部每个单元的空间相关性，其表达式为：

$$I = \frac{Y_i - \bar{Y}}{S^2} \sum W_{ij}(Y_i - \bar{Y}) \tag{4.31}$$

图 4 - 2 显示，2008 年和 2014 年大部分省份的公共资本投入均分布在第一和第四象限，即“高—高”和“低—低”类型的集聚区占主导地位，集聚水平从 2008 年的 0.1905 下降到 2014 年的 0.0930，集聚水平有所下降。另外，2008 年江苏省和福建省为公共资本投入水平高值集聚显著区，而新疆是我国公共资本投入水平低值集聚显著区；到 2014 年，山东成为公共资本投入水平高值集聚显著区，而新疆依然是公共资本投入水平低值集聚显著区。可见，中国公共资本投入区域空间分布的内在机理强化了其区域分布的不平衡机制。

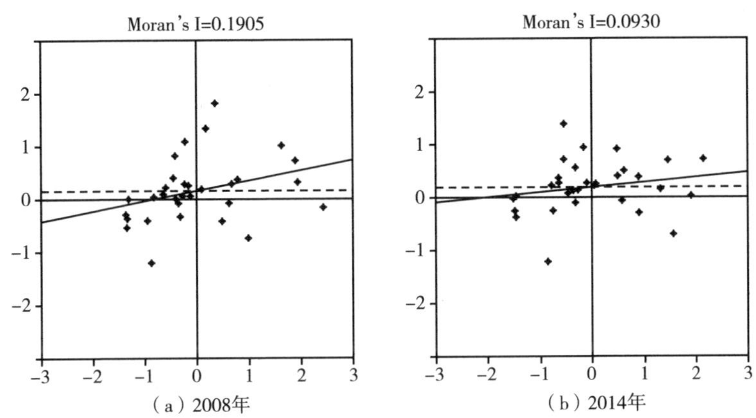

图 4 - 2　2008 年和 2014 年中国公共资本投入的 Moran I 散点

资料来源：作者根据 GeoDA 软件计算而得。

二、实证模型

空间相关性检验结果表明，中国省际公共资本投入以及经济增长在区域分布上均存在显著的正自相关性和空间依赖性。由此说明，如果在实证分析中忽略空间因素的影响势必会夸大或者低估其他因素的影响，甚至得到估计有偏的结果。同时，新近宏观经济学研究动向也表明，经济增长在长期内是个动态过程，现实的增长既决定于当前的因素也受过去因素的影响（刘勇政和冯海波，2011）。因此，考虑到我国经济发展的路径依赖特征明显，此处我们采用综合考虑时空滞后的动态空间面板模型，实证模型可以表示为：

$$Y_{i,t} = \alpha_1 Y_{i,t-1} + \alpha_2 W_{i,t} Y_{i,t} + \alpha_3 KP_{i,t} + \alpha_4 W_{i,t} KP_{i,t} + \beta(Z_{i,t}) + \mu_i + \varepsilon_{i,t} \tag{4.32}$$

其中，α、β 为被估计参数，i 表示地区，t 表示时间；$Y_{i,t}$表示各地区经济发展水平，$Y_{i,t-1}$是 $Y_{i,t}$的一阶滞后项，用以说明经济发展水平的惯性大小；$W_{i,t}Y_{i,t}$表示周边地区经济发展水平对本地区经济的影响，用以衡量经济发展的空间溢出效应；$KP_{i,t}$和 $W_{i,t}KP_{i,t}$是我们考察的核心解释变量，分别表示本地区公共资本投入水平以及周边地区公共资本投入水平对本地区经济增长的溢出效应；$Z_{i,t}$表示模型中的一系列控制变量，$\beta = [\beta_1, \beta_2, \cdots, \beta_4]$，$Z_{i,t} = [IND_{i,t}, OPEN_{i,t}, GS_{i,t}, EDU_{i,t}]^T$；$\mu_i$ 表示个体固定效应，$\varepsilon_{i,t}$表示随机误差项。

由于式（4.32）包含被解释变量 $Y_{i,t}$的一阶滞后项以及 $Y_{i,t}$和 $KP_{i,t}$的空间滞后项，同时部分解释变量和被解释变量之间可能存在双向因果关系，这就要求我们有效地处理滞后因变量引起的内生性问题并解决面板数据中不随时间变化的个体效应问题。霍尔茨·依金等（Holtz-Eakin et al.，1988）、阿雷利亚诺和邦德（Arellano & Bond，1991）提出的差分 GMM 估计法通过求一阶差分以消除个体效应，再利用一组差分方程中相应变量的滞后项作为工具变量以解决内生性问题。但阿雷利亚诺和博韦尔（Arellano & Bover，1995）、布伦德尔和邦德（Blundell & Bond，1998）的研究指出，仅仅利用一阶差分滞后项构造工具变量容易出现弱工具变量从而导致严重的有限样本偏差问题，因此他们进一步提出了系统 GMM 估计法，在一阶差分方程的基础上通过引入水平方程构成一个两方程系统，这样不仅有效增加了差分方程的工具变量，其本身变量的差分滞后项也被作为水平方程相应变量的工具变量。因此，系统 GMM 估计法与差分 GMM 相比，更为有效地解决了弱工具变量问题，从而提高了估计效率。此处我们采用 Stata12.1 基于系统 GMM 估计法对式（4.32）表示的模型进行实证研究。

系统 GMM 估计存在两种方法用于检验工具变量的有效性（Arellano & Bover，1995；Blundell & Bond，1998）：一是自回归（AR）检验，主要用于检验在差分回归和系统的差分—水平回归时残差项不存在序列相关，误差项的差分项可以允许存在一阶序列相关，但不允许存在二阶差分序列相关，否则违背了系统 GMM 的前提假设；二是过度识别的约束检验，即萨尔甘（Sargan）检验或汉森（Hansen）检验，主要用于检验估计过程中样本矩条件工具变量的总体有效性。

三、变量选取与数据说明

为了考察中国省际公共资本投入对地方经济增长的影响，我们需要公共资本投入水平 *KP* 与经济发展水平 *Y* 两个变量的各省份年度数据。第三章已对中国省际公共资本投入进行了详细测度，此处不再赘述。由于公共资本投入 *KP* 表示的是公共资本存量在一定时期内实际流转到生产中的公共资本服务量，而不是公共资本存量本身，因此我们以第三章估算的以 1985 年为基期的生产性公共资本存量作为衡量指标。至于经济发展水平 *Y*，我们将各省份以 1985 年为基期的实际 GDP 作为衡量指标。在借鉴相关研究的基础上，本章主要选择以下四个控制变量：（1）产业结构（*IND*），采用各省份工业增加值占 GDP 的比重表示；（2）对外开放度（*OPEN*），选用各省份进出口总额占当地 GDP 的比重来衡量；（3）政府规模（*GS*），采用各省份政府消费支出占当地 GDP 的比重衡量；（4）受教育水平（*EDU*），采用平均受教育年限来衡量，针对 6 岁及以上被调查人口获得最高学历加权得到，其中设置受教育年限小学文化水平为 6 年，初中为 9 年，高中为 12 年，大专及以上为 16 年。

本章以 1994～2014 年中国 31 个省（自治区、直辖市）的面板数据作为实证模型的样本数据，由于资料限制，研究对象不包括我国香港、澳门和台湾地区。相关基础数据来自历年《中国统计年鉴》《中国财政年鉴》以及各省份统计年鉴。之所以选择 1994 年作为实证研究的起始年份，主要基于以下考虑：首先，第三章的中国省际公共资本存量和生产性公共资本存量估算是以 1985 年作为基期，众所周知，基期选择越早，基期资本存量估计的误差对后续年份的影响就会越小（张军等，2004），我们有理由相信 1994 年之后测度的公共资本投入更有可信度；其次，1994 年实行的分税制改革显著改变了中央和地方政府间财政收入的分配格局（朱恒鹏，2004），导致中央和各级地方政府采取了与之前截然不同的竞争策略（陈碧琼等，2013），对地区经济增长方式以及财政支出结构有一定影响；最后，1994 年分税制改革所确定的财政分权体制基本得到了中央与地方的“一致同意”，改变了以往中央经常随意变更与地方政府分享财政收入比例的做法，将中央与地方的分权关系予以制度化和法制化，从某种意义上来说，直到分税制改革后中国才开始出现较为稳定的财政分权体制（王文剑等，2007）。因此，我们充分认识到这一节点的重要性和敏感性，以 1994～2014 年 31 个省份面板数据作为样本数据。各变量的统计描述如表 4－1 所示。

表 4－1　　各变量的统计描述

变量	单位	最大值	最小值	平均值	标准差
Y	亿元	2272.861	28.627	813.537	509.275
KP	亿元	10486.051	33.800	1557.013	1803.155
IND	%	53.965	6.771	37.646	9.622
OPEN	%	217.336	3.207	30.447	38.963
GS	%	49.819	7.289	14.812	5.295
EDU	年	12.028	2.208	7.824	1.348

资料来源：作者计算而得。

第四节　实证结果与分析

表 4－2 报告了公共资本投入对经济增长的系统 GMM 估计结果。其中，模型（1）表示不考虑空间因素的静态面板模型，模型（2）和模型（3）表示静态空间面板模型并分别采用了邻近空间权重矩阵和距离空间权重矩阵，模型（4）和模型（5）是我们重点关注的动态空间面板模型，并同样分别采用了邻近空间权重矩阵和距离空间权重矩阵。

表 4－2　　中国公共资本投入对经济增长的系统 GMM 估计结果

解释变量	模型（1）	模型（2）	模型（3）	模型（4）	模型（5）
L1. Y	—	—	—	0.9065*** (0.0161)	0.8991*** (0.0241)
WY	—	0.7337*** (0.0498)	0.7887*** (0.0543)	0.2847*** (0.0238)	0.3648*** (0.0310)
KP	0.0725*** (0.0029)	0.0618*** (0.0030)	0.0647*** (0.0031)	0.0088*** (0.0022)	0.0060*** (0.0019)
WKP	—	－0.0386*** (0.0049)	－0.0462*** (0.0058)	－0.0181*** (0.0026)	－0.0298*** (0.0028)

续表

解释变量	模型（1）	模型（2）	模型（3）	模型（4）	模型（5）
IND	1. 8369 *** (0. 7047)	1. 3633 *** (0. 6242)	1. 8284 *** (0. 6306)	2. 9240 *** (0. 8576)	2. 8114 *** (0. 5655)
OPEN	0. 3751 * (0. 2210)	0. 5783 ** (0. 1922)	0. 6080 ** (0. 1913)	0. 8442 *** (0. 2443)	0. 7805 *** (0. 1684)
GS	1. 2101 (1. 1810)	-2. 4815 ** (1. 0232)	-2. 1184 ** (1. 0184)	-1. 7498 *** (0. 5967)	-1. 4998 *** (0. 4058)
EDU	45. 0116 *** (6. 4494)	1. 0422 *** (0. 0484)	1. 6512 *** (0. 1214)	1. 0890 ** (0. 7071)	1. 3256 *** (0. 6637)
_cons	265. 4934 *** (44. 9643)	108. 1486 ** (47. 5778)	125. 6098 *** (48. 6039)	-168. 7802 *** (30. 3381)	-186. 3201 *** (17. 1338)
R - squared	0. 8306	0. 8772	0. 8760	—	—
AR(2)	—	—	—	-3. 7284 (0. 1532)	-3. 7206 (0. 1342)
Sargan test	—	—	—	24. 8426 (1. 0000)	26. 0848 (1. 0000)

注：*L*1. *Y* 表示被解释变量的一阶滞后项；***、**、* 分别表示 1%、5%、10% 的置信水平，回归系数括号内数值表示稳健性标准差，后两行括号内数值表示 AR(2) 和 Sargan test 对应 p 值。

资料来源：作者根据 Stata 软件计算而得。

表 4 -2 显示，与未考虑空间因素的模型（1）相比，考虑了空间因素的模型（2）和模型（3）的拟合度更高，其实证结果也更有可信度。模型（4）和模型（5）的阿雷利亚诺—邦德（Arellano-Bond）二阶序列相关检验［AR(2)］表明，模型均不存在显著的二阶残差自相关，意味着所得到的 GMM 估计值是无偏和一致的。萨尔甘（Sargan）检验支持了工具变量有效的原假设，表明模型（4）和模型（5）的动态空间面板模型不存在模型设定方面的问题。估算结果显示，模型（4）和模型（5）中被解释变量的一阶滞后项 *L*1. *Y* 系数分别为 0. 9065 和 0. 8991，而经济增长的空间溢出效应 *WY* 系数分别为 0. 2847 和 0. 3648，并均通过了 1% 的显著性水平，由此说明中国区域经济增长存在很强的路径依赖，各地区的经济增长是一个连续积累的渐进调整过程，并且周边地区经济发展状况对本地区经济增长具有显著的空间溢出效应，也表明了我们将模型设置为动态空间面板模型的必要性和正确性。

公共资本投入对经济增长的作用是我们的分析重点。表 4 -2 显示，模型

(1) 至模型 (5) 中公共资本投入的回归系数分别为 0.0725、0.0618、0.0647、0.0088 和 0.0060，并且均通过了 1% 的显著性水平。由此表明，无论采用静态面板模型还是动态空间面板模型，中国公共资本投入对经济增长均呈现显著的正向作用，这也印证了国内多数学者的研究结论。由于公共投资主要投向基础设施领域，间接增加了私人资本的收益，提高了私人投资收益率并扩大了投资需求，从而产生了大量正外部效应；同时，公共资本投入也可以直接转化为生产资本，加快资本形成，带动劳动力供给的增加以及技术进步，进而有效促进了经济增长。因此，一国要实现一定规模的经济增长目标，政府就必须保持适度规模的公共资本投入。但是，比较模型 (1) 至模型 (5) 容易发现，若忽略了经济增长的路径依赖以及空间因素，则会夸大公共资本投入对本地区经济增长的促进作用。在模型 (1) 至模型 (3) 的静态面板模型中，公共资本投入每增长 1%，对经济增长的促进作用分别为 0.0725%、0.0618% 和 0.0647%，而在模型 (4) 和模型 (5) 动态空间面板模型中，公共资本投入每增长 1%，对经济增长的促进作用仅分别为 0.0088% 和 0.0060%。

我们发现，本章得到的公共资本投入产出弹性远远低于国内前期的研究成果。例如，马拴友 (2000) 利用最小二乘法实证发现公共资本的产出弹性为 0.55；张海星 (2004) 基于约翰森 (Johansen) 协整检验法实证研究得到公共物质资本投资对经济增长的产出弹性为 0.29；刘卓珺和于长革 (2006) 基于最小二乘法得到公共投资的产出弹性为 1.02；缪仕国和马军伟 (2006) 采用恩格尔—格兰杰 (Engle-Granger) 两步法和约翰森 (Johansen) 检验法估计了公共资本和产出间的协整关系，得出我国公共资本投入的产出弹性为 0.434；等等。我们认为，造成上述情况的原因主要在于：(1) 研究方法的差异，上述研究大多采用简单的最小二乘法或者基于固定效应或随机效应的面板模型对公共资本投入的经济增长效应进行实证研究，忽略了经济增长显著的路径依赖以及空间溢出效应，从而夸大了公共资本投入对经济增长的促进作用；(2) 研究数据的差异，上述研究大多采用公共投资流量数据或者简单估算的公共资本存量作为公共资本投入的替代变量，忽略了公共资本投入应以公共资本存量实际流转到生产中的公共资本服务量来表示，从而存在夸大公共资本投入经济增长效应的可能性。

至于公共资本投入的空间溢出效应，实证结果显示，无论采用邻接空间权重矩阵还是距离空间权重矩阵，邻近地区公共资本投入对本地区经济增长均呈现显著的负向溢出效应。模型（2）至模型（5）中，邻近地区公共资本投入每增加1%，对本地区经济增长的抑制作用分别为-0.0386%、-0.0462%、-0.0181%和-0.0298%，并均通过了1%的显著性水平。究其原因，我们认为：（1）中国市场经济体系尚不发达，财政分权体制带来了严重的结构化问题，各地区间人为设置要素流动壁垒，市场分割和重复建设等情况的存在导致区域公共资本配置效率低效。同时，处于政治和经济双重竞争中的地方官员在成本允许的情况下，促进本地区经济发展与阻碍其竞争对手经济发展具有相同的激励。（2）公共资本投入主要来源于各级地方政府的财政收入，在经济平稳和税率稳定的情况下财政收入不可能无节制地增加。在1994年分税制背景下，地方政府的公共资本投入很大程度上取决于中央政府的统一调控，因此，在中央财政来源一定的前提下，地方政府决策者具有明显的寻租和自利倾向，对邻近地区增加公共资本投入势必会减少本地区的公共资本投入。

另外，除了与公共资本投入相关的结论外，我们还得到了其他解释经济增长的有益补充。其中，以工业增加值占比衡量的产业结构与经济增长显著正相关，工业化发展一直都是我国经济增长的重要推动力，张军（2002b）则指出中国20世纪80年代以后的经济转轨过程典型地表现为以新兴工业部门的进入和扩张为特征的持续的工业化过程。以进出口总额占比衡量的对外开放度与经济增长显著正相关，这点也不容置疑，对外开放度的提升为中国带来了国外先进技术、管理经验以及外资投入，对地区经济发展起到了积极作用。以政府消费支出占比衡量的政府规模显然不利于地区经济发展，一般而言，政府规模过大对经济增长有诸多方面的损害（Kwan & Sahni，1989；Mitchell，2005；王小鲁等，2009），其中最明显的就是会造成资源配置扭曲和效率损失。中国行政编制的设置缺乏弹性，地方政府规模并不能很好地对居民支付能力和经济发展水平作出相应的调整（Zhang，2006）。受教育年限显著促进了地区经济发展，受教育年限作为人力资本存量的一种表现形式，可为地区经济发展提供充足的人力资本，舒尔茨（Schultz，1961）、贝克尔（Becker，1964）、明瑟和波拉切克（Mincer & Polachek，1974）等学者也早已证明了人力资本对经济增长的重要作用。

由于我国地域辽阔，各区域间公共资本投入水平、经济发展差异明显，因此我们试图针对中国东部、中部、西部三大经济区域分别进行回归，以期探索公共资本投入因素对各地区经济增长的影响是否存在区域差异。表4-3报告了我们基于可行广义最小二乘法（FGLS）的估计结果。

表 4-3　　中国公共资本投入对经济增长影响的分区域估计结果

解释变量	东部	中部	西部
KP	0.0175*** (0.0047)	0.0426*** (0.0083)	0.0454*** (0.0023)
IND	3.8578*** (0.4781)	8.1019*** (0.6720)	3.2165*** (0.3016)
OPEN	-0.1846*** (0.0588)	-2.5056*** (0.5753)	0.1854** (0.0843)
GS	-1.8729*** (0.5873)	-8.6320*** (1.1417)	-0.4151*** (0.1099)
EDU	21.8470*** (3.1752)	8.8951 (6.9487)	2.0670 (1.7190)
时间效应	24.4314*** (1.1733)	14.0665*** (1.8189)	6.9167*** (0.6043)
Wald	10434.78***	3833.99***	42463.32***
OBS	231	168	252

注：***、**、*分别表示1%、5%、10%的置信水平，括号内数值为稳健性标准差。
资料来源：作者根据 Stata 计算而得。

表4-3显示，东部、中部、西部地区公共资本投入对经济增长均呈现显著的正向关系，并均通过了1%的显著性水平。但是，各区域公共资本投入的产出弹性存在一定差异，东部、中部、西部公共资本投入每增长1%，对经济增长的促进作用分别为0.0175%、0.0426%和0.0454%。可见，西部地区公共资本投入的经济增长效应最大，其次为中部地区，经济增长效应最小的是东部地区。结合第三章我们得到的研究结论，即中国生产性公共资本存量由东向西呈阶梯式分布，东部地区最多，中部地区次之，西部地区最少，生产性公共资本存量的区域分布呈现出明显的以东部沿海地区为核心，以广大的中部、西部地区为外围的"核心—外围"式发展格局，我们不难看出，我国公共资本投入对经济增长的促进作用并不与公共资本投入量呈正比，西部以及中部地区公共资本投入的经济增长效应要远高于东部地区。究其原因，我们认为，随着西部大开发以及中部崛起等重大战略的实施，中央和地方政府加大了中部、西部地区基础设施建设等公共投资力度，这对于基础设施相对落后、资本极度匮乏的中部、西部地区而言，有效地改善了其投资环境，为私人资本的进入与发展创造了有利条件，并且也可通过直接资本形成促进

经济增长；而沿海地区的公共资本存量一直处于全国领先水平，公共资本投入对其经济增长的意义在数量上已经表现不明显。

第五节　本章小结

公共资本投入对经济增长的影响及其作用机制，一直是经济学界的重要研究内容。本章采用第三章细致估算的中国省际公共资本投入数据，在对公共资本投入和经济增长的相关关系进行理论分析的基础上，基于中国 31 个省份 1994～2014 年的面板数据作为样本，分别运用静态空间面板模型和动态空间面板模型对中国省际公共资本投入的经济增长效应展开实证研究，并进一步探讨了东部、中部、西部地区公共资本投入的经济增长效应差异，以便获取中国公共资本投入与经济增长之间关系的经验支撑。研究结果表明：（1）中国省际公共资本投入及经济增长在分布上均存在显著的正自相关性和空间依赖性，中国公共资本投入区域空间分布的内在机理强化了其区域分布的不平衡机制，各地区经济增长存在很强的路径依赖，并且周边地区经济发展状况对本地区经济增长具有显著的空间溢出效应；（2）无论采用静态面板模型还是动态空间面板模型，中国公共资本投入对经济增长均呈现显著的正向作用，但若忽略了经济增长的路径依赖以及空间因素，则会夸大公共资本投入对本地区经济增长的促进作用；（3）无论采用邻接空间权重矩阵还是距离空间权重矩阵，邻近地区公共资本投入对本地区经济增长均呈现显著的负向溢出效应，产业结构、对外开放度和受教育水平与经济增长均显著正相关，以政府消费支出占比衡量的政府规模不利于地区经济发展；（4）东部、中部、西部地区公共资本投入对经济增长均呈现显著的正向关系，但各区域公共资本投入的产出弹性存在一定差异，中国公共资本投入对经济增长的促进作用并不与公共资本投入量呈正比，西部以及中部地区公共资本投入的经济增长效应要远高于东部地区。

本章经验分析所蕴含的启示是，要想实现国民经济长期可持续发展和区域经济协调快速发展，必然要求从战略高度重新审视公共资本投入对经济发展的贡献以及区域配置问题，从片面强调公共资本规模转变到全面把握公共资本规模与公共资本利用效率相协调的目标上来。首先，公共资本的过度集聚显然不利于公共资本经济增长效应的发挥并会对周边地区经济发展产生负面效应，因此，我们应综合考虑各地区公共资本投入现状，基于全局战略眼光合理配置公共资本，加强区域间合作与交流，设计适当激励政策促使地方政府决策时兼顾对邻近地区的影响，如制定有倾向的税收政策、平衡各地区公共资本的边际收益，合理配置公共资本内部结构等，有效发挥公共资本投入对经济增长的促进作用。其次，继续加强中部、西部地区的公共资本投入，完善中部、西部地区公共基础设施建设，充分发挥公共资本对中部、西部地区经济增长的拉动作用。

第五章　中国公共资本投入效率及其区域差异研究

前述研究表明，中国公共资本投入对经济增长存在显著的正向作用，地方公共资本投入在中国经济发展进程中起到了举足轻重的作用。然而，经济可持续发展的基础是经济效率的提升（涂正革和肖耿，2006），经济增长不能仅依靠公共资本的大量投入，更需注重公共资本投入效率的改善，即投入产出绩效。随着中国中央与地方财政权责关系的调整和地方政府利益主体地位的确立，地方公共投资已然成为全国公共投资的重要组成部分（李晓嘉，2011）。在此背景下，我们关心的是，中国地方公共资本投入的效率如何？不同省份之间公共资本投入效率是否存在差异？这些差异的变动趋势如何？以上问题的回答无疑对于揭示我国地方财政政策的实施效果是相当重要的，对今后地方政府公共政策的制定也不无参考作用。因此，本章基于数据包络分析法（DEA）测度中国各地区的公共资本投入效率，并对其变化趋势和区域差异展开分析。

第一节　引　言

由于研究对象、研究方法以及考察数据的不同，学者们对公共投资的经济增长效应远未达成统一意见，但大多强调了公共资本在经济增长中的重要作用。鉴于政府在中国国民经济中的核心地位，现有文献从政府或其特定公共部门出发，对政府公共支出效率展开了广泛研究（陈诗一和张军，2008；唐齐鸣和王彪，2012；陈刚和赖小琼，2015）。但是，由于政府消费与政府资本积累（如基础设施建设）对经济增长的作用机制与影响存在差异（Aschauer，1989；Barro，1990），以政府公共支出为研究对象无法区分政府消费性支出和政府投资性支出的效率差异，并可能在政策建议上产生误导。同时，现有文献大多以“公共服务最大化”作为行为目标研究公共支出效率，这对于我国财政分权体制下形成的地方政府“标尺竞争”现状并不完全适用，无论是“标尺竞争”带来的财政激励还是政治激励，最终都表现为地方政府以追求“产出最大化”为目标（范子英和张军，2009）。因此，将研究方向从公共支出转移到地方政府在公共领域投资形成的公共资本上，基于投入产出绩效视角对我国公共资本投入效率展开研究就显得十分必要。

事实上，近年来，以库马尔和拉塞尔（Kumar & Russell，2002）、亨德森和拉塞尔（Henderson & Russell，2005）、洛斯和蒂默（Los & Timmer，2005）、杨文举（2006，2011）、匡远凤（2012）等为代表的一组研究已在经济增长与资本投入效率相结合方面进行了尝试。这些研究借助数据包络分析（data envelopment analysis，DEA）或随机前沿分析（stochastic frontier analysis，SFA）将劳动生产率来源分解为技术效率、技术进步和资本投入效率变化三部分，据此讨论各部分对经济增长的影响以及中国地区差距的原因。除了匡远凤（2012）是对我国农业劳动生产率进行分解外，其他学者均以总量经济作为研究对象，鲜有文献对中国公共资本积累的动态变化进行全面而细致的考察，从而为本章研究公共资本投入效率提供了一个新的视角。

有鉴于此，本章在已有研究的基础上，试图将研究方向从公共支出转移到公共资本上，基于中国公共资本投入对经济增长具有显著正向作用的实证支撑，结合库马尔和拉塞尔（Kumar & Russell，2002）对劳动生产率的三重分解框架，运用规模报酬可变的数据包络分析法，基于投入产出绩效视角将中国省际公共部门劳动生产率变化分解为技术效率、技术进步和公共资本投入效率变化三大来源，进而对1986年以来各省份公共资本投入效率的变化趋势及区域差异展开经验分析。

第二节　中国公共资本投入效率测度方法

为了对中国公共资本投入效率进行核算，我们首先需要确定经济活动中的生产前沿和各决策单元的技术效率水平。目前，关于生产前沿的确定方法主要有非参数下的数据包络分析法（DEA）和参数下的随机前沿分析法（SFA）两种。与SFA相比，DEA突出的优点在于无须设定投入产出的生产函数形态，从而避免了生产函数误设可能带来的偏误，可以评价具有较复杂生产关系的决策单元的技术效率；同时，DEA 可自行根据最优性原则计算每个投入产出的权重，不受计量单位的影响（李平和王春晖，2011）。鉴于 DEA 具有相对较少的理论约束的优点，本章借鉴库马尔和拉塞尔（Kumar & Russell，2002）、杨文举（2006）的方法，利用 DEA 将我国公共部门劳动生产率变化分解为技术效率、技术进步和公共资本投入效率变化三个部分。但与上述文献不同的是，我们采用了规模报酬可变的 DEA 来构造生产前沿并计算效率水平。其优点在于，这样得到的生产前沿能够更加紧密地包络所有样本点，计算出的效率指数和分解结果也更加可靠（吴建新，2009）。另外，运用 DEA 确定生产前沿和技术效率水平时需要通过线性规划基于投入导向或产出导向计算距离函数，本章采用基于产出导向的计算方法。

我们借鉴涂正革和肖耿（2006）的做法，把每个地区看作一个生产决策单元，假设每一个时期 $t(t=1,2,\cdots,T)$，第 $i(i=1,2,\cdots,I)$ 个地区使用两种投入要素：资本 K 和劳动力 L，得到一种产出为 Y。此时，经济活动可以简化为“投入—产出”两维空间（k，y）来描述，其中，$k=K/L$ 表示劳均资本，$y=Y/L$ 表示实际劳均产出即劳动生产率。显然，劳均资本 k 越大，则表示资本投入水平越高。给定投入 k^t，实际劳均产出 y^t 与在参照技术 S^t 下可能达到的最大潜在产出 $\bar{y}^t(k^t)$ 的比率就是该生产者的技术效率 $D_0^t(k^t,y^t)$，并定义 $D_0^t(k^t,y^t)$ 为产出距离函数，即：

$$D_0^t(k^t,y^t)=\frac{y^t}{\bar{y}^t(k^t)} \tag{5.1}$$

距离函数 $D_0^t(k^t,y^t)$ 衡量了生产者的技术效率，同时也暗含了给定投入的前沿技术结构，即给定一个组的投入，在前沿技术结构条件下就可以得到相对应的潜在最大产出。在 t 期的参照技术 S^t 下，实际产出、潜在产出与 $D_0^t(k^t,y^t)$ 之间的数量关系亦可表示为：

$$\bar{y}^t(k^t)=\frac{y^t}{D_0^t(k^t,y^t)} \tag{5.2}$$

其中，$\bar{y}^{i,t}$ 表示时期 t 第 i 个地区的潜在劳均产出。同理，在参照技术 S^{t+1} 的约束条件下，$t+1$ 期要素投入的潜在最大产出则可表示为：

$$\bar{y}^{t+1}(k^{t+1}) = \frac{y^{t+1}}{D_0^{t+1}(k^{t+1}, y^{t+1})} \tag{5.3}$$

根据 Farrell 对产出型技术效率的定义：在给定技术结构特征和要素投入条件下实际产出与最大产出的比例，作为同期产出距离函数，t 期的生产 $\{k^t, y^t\}$ 属于 t 期的生产可行集 S^t 的倒数恰好是产出型技术效率。依照谢泼德（Shephard）提供的算法思路，相对于参照技术 S^t，生产者在 t 期的产出距离函数可以改写为：

$$D_0^t(k^t, y^t) = \min_{\kappa}[\kappa:(k^t, y^t/\kappa) \in S^t] = \{\max_{\theta}[\theta:(k^t, y^t\theta) \in S^t]\}^{-1} \tag{5.4}$$

谢泼德产出距离函数定义了在给定投入 k^t，产出向量 y^t 在参照技术 S^t 的范围内能够扩张的最大比例的倒数。式（5.4）求解最小化所得到的目标函数值 κ 表示给定投入 k^t 下实际产出与最大产出的比率，即技术效率；式（5.4）求解最大化得到的目标函数值 θ 表示实际产出向量相对应所参照的技术前沿能够扩张的最大比例，其倒数值即为技术效率。为了能够更好地利用曼奎斯特（Malmquist）生产率思想，我们定义用 t 期的生产技术作为参照衡量 $t+1$ 期生产（k^{t+1}，y^{t+1}）效率的产出距离函数：

$$D_0^t(k^{t+1}, y^{t+1}) = \{\max_{\theta}[\theta:(k^{t+1}, y^{t+1}\theta) \in S^t]\}^{-1} \tag{5.5}$$

式（5.5）描述了 $t+1$ 期的投入 k^{t+1} 参照 t 期的技术前沿 S^t，y^{t+1} 能够扩张的最大比例的倒数。当技术前沿向上大幅推进，生产点（k^{t+1}，y^{t+1}）可能在第 t 期生产前沿面的外部，那么该距离函数衡量的技术效率就大于1。依据卡夫等（Caves et al.，1982）提出的产出型曼奎斯特（Malmquist）生产率指数法，法勒等（Fare et al.，1994）予以拓展并采用非参数线性规划方法测算距离函数。依据可变规模的技术前沿定义，需要确定四个与生产率变化有关的产出距离函数值，分别为 $D_0^t(k^t, y^t)$、$D_0^{t+1}(k^t, y^t)$、$D_0^{t+1}(k^{t+1}, y^{t+1})$ 和 $D_0^t(k^{t+1}, y^{t+1})$。因此，在可变规模报酬（variable return to scale，VRS）的技术 S^t 下，时期 t 第 i 个地区的产出距离函数可以表示为：

$$[D_0^{i,t}(k^{i,t}, y^{i,t})]^{-1} = \max_{\theta^i, z^{i,t}} \theta^i$$

$$s.t.\quad \theta^i y^{i,t} \leqslant \sum_{i=1}^{I} z^{i,t} y^{i,t}, k^{i,t} \geqslant \sum_{i=1}^{I} z^{i,t} k^{i,t}, \sum_{i=1}^{I} z^{i,t} = 1, z^{i,t} \geqslant 0, \forall i \tag{5.6}$$

其中，$z^{i,t}$表示在时期 t 每一个观测值的权重；$\sum_{i=1}^{I} z^{i,t}=1$ 意味着此时生产前沿处于可变规模报酬的假设下。

同理，产出距离函数 $D_0^{t+1}(k^{t+1},y^{t+1})$ 的测算与式（5.6）相同，仅仅将 t 期换成 $t+1$ 期。跨期距离函数参照技术与生产活动不属于同一时期，若用 t 期的参照技术评价 $t+1$ 期的生产效率，则距离函数为：

$$[D_0^{i,t}(k^{i,t+1},y^{i,t+1})]^{-1}=\max_{\theta^i,z^{i,t}}\theta^i$$

$$s.t.\quad \theta^i y^{i,t+1}\leqslant \sum_{i=1}^{I} z^{i,t}y^{i,t},k^{i,t+1}\geqslant \sum_{i=1}^{I} z^{i,t}k^{i,t},\sum_{i=1}^{I} z^{i,t}=1,z^{i,t}\geqslant 0,\forall i \tag{5.7}$$

那么，相邻两期劳动生产率的比率可用距离函数和潜在产出表达为：

$$\frac{y^{i,t+1}}{y^{i,t}}=\frac{D_0^{i,t+1}(k^{i,t+1},y^{i,t+1})}{D_0^{i,t}(k^{i,t},y^{i,t})}\times\frac{\bar{y}^{i,t+1}(k^{i,t+1})}{\bar{y}^{i,t}(k^{i,t})} \tag{5.8}$$

为了避免参照基准选择不一而造成的测算差异以及对劳动生产率分解路径选择的随意性，借鉴卡夫等（Caves et al.，1982）、法勒等（Fare et al.，1994）取 t 期与 $t+1$ 期两种分解路径所得指数的几何平均值的方法，我们分别构造以 t 期的投入 k^t 为基准，$t+1$ 期的技术前沿作为参照衡量劳动生产率增长效应：

$$\frac{y^{i,t+1}}{y^{i,t}}=\frac{D_0^{i,t+1}(k^{i,t+1},y^{i,t+1})}{D_0^{i,t}(k^{i,t},y^{i,t})}\times\frac{\bar{y}^{i,t+1}(k^{i,t})}{\bar{y}^{i,t}(k^{i,t})}\times\frac{\bar{y}^{i,t+1}(k^{i,t+1})}{\bar{y}^{i,t+1}(k^{i,t})} \tag{5.9}$$

和以 $t+1$ 期的投入 k^{t+1}为基准，t 期的技术前沿作为参照衡量劳动生产率增长效应：

$$\frac{y^{i,t+1}}{y^{i,t}}=\frac{D_0^{i,t+1}(k^{i,t+1},y^{i,t+1})}{D_0^{i,t}(k^{i,t},y^{i,t})}\times\frac{\bar{y}^{i,t+1}(k^{i,t+1})}{\bar{y}^{i,t}(k^{i,t+1})}\times\frac{\bar{y}^{i,t}(k^{i,t+1})}{\bar{y}^{i,t}(k^{i,t})} \tag{5.10}$$

通过取式（5.9）和式（5.10）的几何平均数，可以得到：

$$\frac{y^{i,t+1}}{y^{i,t}}=\frac{D_0^{i,t+1}(k^{i,t+1},y^{i,t+1})}{D_0^{i,t}(k^{i,t},y^{i,t})}\times\left[\frac{\bar{y}^{i,t+1}(k^{i,t+1})}{\bar{y}^{i,t}(k^{i,t+1})}\times\frac{\bar{y}^{i,t+1}(k^{i,t})}{\bar{y}^{i,t}(k^{i,t})}\right]^{1/2}$$
$$\times\left[\frac{\bar{y}^{i,t}(k^{i,t+1})}{\bar{y}^{i,t}(k^{i,t})}\times\frac{\bar{y}^{i,t+1}(k^{i,t+1})}{\bar{y}^{i,t+1}(k^{i,t})}\right]^{1/2} \tag{5.11}$$

其中，式（5.11）左边度量的是劳动生产率在 t 期与 $t+1$ 期间的相对变化情况，若大于 1 则表明地区 i 的劳动生产率得到了提高；式（5.11）右边第一项度量的是地区 i 的技术效率在 t 期与 $t+1$ 期间的变化对劳动生产率变化的影响，即趋向或偏离生产前沿的移动，若大于 1 则表明其技术效率得到了改善并促进了劳动生产率的增长；式（5.11）右边第二项度量的是地区 i 在 t 期与 $t+1$ 期间的技术进步情况对劳动生产率变化的影响，即生产前沿的移动，若大于 1 则表明其所对应的技术前沿得到了提升并促进了劳动生产率增长；式（5.11）右边第三项度量的是地区 i 在 t 期与 $t+1$ 期间的资本投入情况对劳动生产率变化的影响，即沿着生产前沿的移动，若大于 1 则表明资本投入促进了劳动生产率的增长。这样，劳动生产率的相对变化则被分解成技术效率、技术进步和资本投入效率变化三部分，我们将其分别表示为 ECH、TCH 和 KCH，则式（5.11）可简化为：

$$LPC = ECH \times TCH \times KCH \tag{5.12}$$

其中，LPC 表示劳动生产率变化，ECH 和 TCH 构成了全要素生产率（total factor productivity，TFP）的变化；KCH 作为资本投入效率则是本章的关注重点。

第三节　中国省际公共资本投入效率测度

一、数据来源与说明

为了获得公共部门劳动生产率变化从而分解出公共资本投入效率，我们需要以下三个变量的各省份年度数据，即公共资本投入 K、公共部门劳动力投入 L，以及产出 Y。公共资本投入 K 表示的是公共资本存量在一定时期内实际流转到生产中的公共资本服务量，而不是公共资本存量本身，因此我们以第三章测算的省际生产性公共资本存量作为衡量指标。公共部门劳动力投入 L 采用第三章定义的各省份历年公共投资行业年末从业人员数之和表示。至于产出 Y，理论上此处应以公共部门的产出总量作为进入生产函数的产出变量。但是，由于公共资本的外部效应显著，公共资本投资除了可以直接带动经济增长外，其另一重要作用就是通过外部效应带动私人投资进而促进经济增长（马拴友，2000；于长革，2004；吴洪鹏和刘璐，2007）。若只以公共部门产出总量作为产出变量，势必低估公共资本的产出能力。当然，中国国有经济和私营经济划分不明确、相关数据可得性差亦是我们的一个考虑方面。基于此，我们将各省份以 1985 年为基期的实际 GDP 作为产出变量 Y。

本节对 1985 ~2014 年中国 31 个省（自治区、直辖市）的公共资本投入效率展开核算，由于资料限制，研究对象不包括中国的香港、澳门及台湾地区。由于行政区划的调整，绝大多数文献在对全国层面宏观数据进行测量时习惯将重庆市样本并入四川省，为了保证省际数据的全面性和完整性，本节依据历年《重庆市统计年鉴》相关数据将重庆市样本单独列出，未做纳入四川省的处理。相关基础数据来自历年《中国统计年鉴》《中国固定资产投资统计年鉴》《新中国 55 年统计资料汇编（1949 ~2004）》以及各省份统计年鉴。数据测算采用 Deap2. 1 进行。

二、测度结果与分析

表 5 -1 报告了 1986 ~2014 年中国省际公共部门劳动生产率变化及其三重分解结果。限于篇幅，我们仅给出了 1986 ~ 1992 年、1993 ~ 1999 年、2000 ~2006 年、2007 ~2014 年四个时间段的平均值。

总体来看，1986 ~ 1992 年，全国公共部门劳动生产率增长 4. 90%，其中，技术效率、技术进步和公共资本投入效率分别增长 1. 40%、2. 10% 和 1. 30%，三者贡献率分别为 29. 06%、43. 44% 和 27. 50%。此阶段劳动生产率的增长是技术效率改善、技术进步以及公共资本深化的共同作用结果。到 1993 ~1999 年，劳动生产率平均增长 4. 40%，其中，技术效率基本保持不变，技术进步下降 5. 20%，而公共资本投入效率增长了 10. 50%，此阶段劳动生产率的增长主要依靠公共资本投入的拉动。在接下来的 2000 ~2006 年和 2007 ~2014 年，劳动生产率分别下降了 1. 50% 和 1. 30%，技术效率和技术进步均呈现不同程度的下降趋势，仅有公共资本投入效率保持增长状态，在这两个阶段分别增长了 9. 70% 和 9. 30%。可见，技术效率和技术进步的减缓是公共部门劳动生产率下降的主因，仅仅依靠公共资本的大量投入并不能有效维持公共部门劳动生产率的持续增长。

表 5-1 中国省际公共部门劳动生产率变化及其三重分解结果

地区	1986~1992 年				1993~1999 年				2000~2006 年				2007~2014 年			
	LPC	*ECH*	*TCH*	*KCH*	*LPC*	*ECH*	*TCH*	*KCH*	*LPC*	*ECH*	*TCH*	*KCH*	*LPC*	*ECH*	*TCH*	*KCH*
北京	1.041	0.985	1.047	1.012	1.093	1.064	0.991	1.044	1.009	1.057	0.929	1.029	0.992	1.018	0.933	1.046
天津	1.056	1.021	1.024	1.010	1.077	1.045	0.947	1.088	0.980	0.990	0.927	1.066	0.960	0.960	0.945	1.060
河北	1.045	1.011	1.020	1.014	1.020	0.960	0.935	1.141	0.983	1.003	0.891	1.102	0.986	0.967	0.909	1.125
山西	1.055	1.025	1.016	1.012	1.047	1.026	0.939	1.090	1.014	1.009	0.896	1.122	0.994	0.959	0.922	1.127
内蒙古	1.042	1.012	1.018	1.011	1.055	1.011	0.951	1.101	0.994	0.934	0.930	1.147	0.992	1.023	0.947	1.027
辽宁	1.057	1.027	1.015	1.014	1.061	1.044	0.954	1.069	0.994	1.000	0.915	1.087	1.001	0.970	0.934	1.107
吉林	1.038	1.011	1.021	1.006	1.064	1.026	0.936	1.111	1.004	0.983	0.902	1.132	0.984	0.961	0.928	1.107
黑龙江	1.061	1.028	1.017	1.015	1.073	1.024	0.954	1.098	0.964	1.002	0.918	1.050	0.989	0.958	0.914	1.131
上海	1.047	1.000	1.029	1.017	1.080	1.000	1.005	1.074	0.986	1.000	0.948	1.040	0.968	1.000	0.947	1.023
江苏	1.033	0.994	1.020	1.020	1.050	0.976	0.936	1.153	0.992	0.972	0.925	1.105	0.995	0.998	0.922	1.084
浙江	1.038	1.001	1.023	1.014	1.033	0.940	0.954	1.155	0.960	0.953	0.929	1.085	0.987	0.999	0.941	1.051
安徽	1.035	1.006	1.020	1.009	1.020	1.008	0.913	1.113	0.944	0.967	0.879	1.111	0.986	0.965	0.908	1.129
福建	1.047	1.016	1.022	1.008	1.072	0.966	0.956	1.161	0.968	0.977	0.932	1.064	0.986	0.972	0.942	1.079
江西	1.043	1.000	1.008	1.035	1.060	0.997	0.925	1.152	0.980	0.940	0.888	1.175	0.978	0.992	0.911	1.083
山东	1.037	1.005	1.020	1.011	1.015	0.980	0.935	1.112	0.974	0.972	0.889	1.129	0.988	0.966	0.911	1.126
河南	1.037	1.006	1.020	1.011	1.022	0.966	0.918	1.157	0.987	0.995	0.885	1.121	0.987	0.988	0.908	1.104
湖北	1.053	1.017	1.024	1.012	1.024	0.952	0.948	1.138	0.989	0.997	0.933	1.064	0.999	0.998	0.924	1.086

续表

地区	1986～1992年				1993～1999年				2000～2006年				2007～2014年			
	LPC	*ECH*	*TCH*	*KCH*	*LPC*	*ECH*	*TCH*	*KCH*	*LPC*	*ECH*	*TCH*	*KCH*	*LPC*	*ECH*	*TCH*	*KCH*
湖南	1.052	1.018	1.020	1.013	1.036	1.000	0.935	1.111	0.959	0.998	0.887	1.085	1.009	0.970	0.908	1.151
广东	1.029	1.003	1.013	1.014	1.034	0.987	0.949	1.106	1.012	1.015	0.928	1.074	0.977	0.989	0.942	1.050
广西	1.061	1.032	1.020	1.007	1.017	0.973	0.936	1.119	0.970	0.981	0.891	1.113	1.024	0.957	0.919	1.167
海南	1.033	1.012	1.012	1.011	1.028	0.984	0.947	1.105	0.984	1.011	0.930	1.048	0.982	0.979	0.941	1.067
重庆	1.028	0.998	1.021	1.009	1.049	0.989	0.936	1.136	1.005	0.950	0.917	1.154	0.972	0.966	0.942	1.070
四川	1.055	1.017	1.024	1.012	1.027	0.984	0.936	1.118	0.975	0.975	0.892	1.124	0.996	0.963	0.913	1.138
贵州	1.058	1.030	1.021	1.007	1.036	1.013	0.934	1.097	1.006	0.958	0.905	1.165	0.987	0.978	0.917	1.106
云南	1.084	1.054	1.018	1.010	1.036	1.000	0.943	1.101	0.997	0.986	0.922	1.099	0.991	0.976	0.936	1.087
西藏	1.061	0.997	1.047	1.019	1.009	0.944	1.057	1.018	0.954	0.972	0.954	1.029	0.953	1.001	0.952	1.004
陕西	1.047	1.023	1.020	1.005	1.035	1.024	0.936	1.083	1.017	1.005	0.887	1.141	0.985	0.957	0.911	1.131
甘肃	1.025	0.988	1.022	1.016	1.040	1.013	0.934	1.104	0.980	0.983	0.888	1.126	0.991	0.940	0.916	1.156
青海	1.096	1.042	1.038	1.014	1.062	1.053	0.951	1.060	0.976	0.986	0.930	1.065	0.977	0.977	0.934	1.073
宁夏	1.049	1.026	1.013	1.009	1.032	1.015	0.953	1.068	0.980	0.983	0.920	1.086	0.999	1.005	0.915	1.089
新疆	1.064	1.042	1.010	1.012	1.062	1.035	0.957	1.072	0.992	1.010	0.932	1.054	0.988	0.979	0.927	1.093
全国	1.049	1.014	1.021	1.013	1.044	1.000	0.948	1.105	0.985	0.986	0.913	1.097	0.987	0.978	0.926	1.093

注：*LPC*、*ECH*、*TCH* 和 *KCH* 分别表示公共部门劳动生产率、技术效率、技术进步和公共资本投入效率平均变化值。

资料来源：由作者估算而得。

分省际来看，1986～1992 年，31 个省份的公共部门劳动生产率均呈增长趋势，其中青海、云南、新疆等地公共部门劳动生产率增长较快，分别增长了 9.60%、8.40% 和 6.40%；技术效率方面，除了北京、江苏、重庆、西藏、甘肃有所下降外，其他省份的技术效率都呈增长趋势；技术进步方面，各省份的技术进步均呈增长趋势，其中北京、西藏、青海等地技术进步明显，分别增长了 4.70%、4.70% 和 3.80%；公共资本投入效率方面，各省份的公共资本投入效率均呈上升趋势，其中江西、江苏、上海等地公共资本投入效率增长较快，分别增长了 3.50%、2.00% 和 1.70%。

1993～1999 年，各省份的公共部门劳动生产率仍呈增长趋势，其中北京、上海、天津等地公共部门劳动生产率增长较快，分别增长了 9.30%、8.00% 和 7.70%；技术效率方面，各省份表现不一，北京、青海、天津等地增长较快，增速分别为 6.40%、5.30% 和 4.50%，而浙江、西藏、湖北等地下降趋势明显，分别下降了 6.00%、5.60% 和 4.80%；技术进步方面，除了上海和西藏分别增长了 0.50%、5.70% 外，其他省份的技术进步均呈下降趋势；公共资本投入效率方面，各省份的公共资本投入效率仍呈上升趋势且增速明显加快，其中福建、河南、浙江等地分别增长了 16.10%、15.70%、15.50%。

2000～2006 年，各省份公共部门劳动生产率表现不一，除了北京、山西、吉林、广东、重庆、贵州、陕西分别有所增长外，其他省份的公共部门劳动生产率均呈下降趋势；技术效率方面，北京、广东、海南等地增长较快，增速分别为 5.70%、1.50%、1.10%，而内蒙古、江西、重庆等地下降趋势明显，分别下降了 6.60%、6.00%、5.00%；技术进步方面，各省份的技术进步均呈下降趋势，其中安徽、河南、湖南、陕西下降趋势明显，分别下降了 12.10%、11.50%、11.30% 和 11.30%；公共资本投入效率方面，各省份的公共资本投入效率仍均呈上升趋势，其中江西、贵州、重庆增长趋势明显，分别增长了 17.50%、16.50%、15.40%。

2007～2014 年，除了辽宁、湖南、广西的公共部门劳动生产率有所增长外，其他省份均呈下降趋势，其中西藏、天津和上海公共部门劳动生产率下降趋势明显，分别下降了 4.70%、4.00%、3.20%；技术效率方面，除了北京、内蒙古、上海、西藏和宁夏有所增长外，其他省份的技术效率均呈下降趋势；技术进步方面，各省份的技术进步均呈下降趋势，其中安徽、河南和湖南下降趋势明显，均下降了 9.20%；公共资本投入效率方面，各省份的公共资本投入效率仍均呈上升趋势，其中广西、甘肃和湖南增长趋势明显，分别增长了16.70%、15.60%、15.10%。

可见，各省份公共部门劳动生产率的变动情况与全国平均水平基本保持一致，公共部门劳动生产率增速不断下降，技术效率和技术进步的贡献率不断缩小，而公共资本投入效率一直保持增长状态。同样，公共资本深化并不能持续维持各省份公共部门劳动生产率的增长，技术效率和技术进步在促进公共部门劳动生产率增长上起着至关重要的作用。

为了进一步分析中国区域公共部门劳动生产率的变化趋势，表5-2报告了1986~2014年中国区域公共部门劳动生产率变化及其三重分解结果。同样，限于篇幅，我们仅给出了1986~1992年、1993~1999年、2000~2006年、2007~2014年四个时间段的平均值。

图5-1报告了1986~2014年中国东部、中部、西部地区*LPC*、*ECH*、*TCH*及*KCH*的平均增长率。我们发现，样本期间内，公共部门劳动生产率增长率整体呈下降趋势，1988年增长率为10.44%，随即下降直至1993年反弹至12.03%，之后增长率不断下降并呈现负增长；技术效率增长率在1996年之前较为平稳，1996年之后波动较大，并从2008年以来不断下降直至负增长；技术进步增长率整体呈下降趋势，1989年增长率为6.67%，随即下降并从1996年开始负增长；公共资本投入效率增长率在1993年以前变化不大，但1993年以来始终保持着较为平稳的增长速度。

为便于进一步对比分析，图5-2报告了八大区域*LPC*、*ECH*、*TCH*及*KCH*基于1985年的累积变化趋势。我们发现，样本期间内，公共部门劳动生产率在1995年之前增长较快，1995年以来增速逐渐放缓，并在2002年之后呈现平缓的下降趋势；技术效率整体变化不大，基本围绕在1附近波动，但在1993年之后区域间技术效率差异不断扩大；技术进步在1995年之前保持增长状态，但在1995年之后则呈不断下降趋势；公共资本投入效率在1993年之前相对稳定，1993年之后增速明显加快，资本投入效率呈现逐年提升的态势。以此而论，我们认为，1985年以来我国经济增长似乎可以划分为两个阶段对应两种不同的增长模式：（1）第一阶段：1985~1995年，表现为经济的高速增长和公共部门劳动生产率的高速增长，而劳动生产率的增长主要得益于技术进步；（2）第二阶段：1996~2014年，表现为经济的高速增长和公共部门劳动生产率的低速增长，具体特征为技术进步和技术效率有所减缓，劳动生产率的增长主要依靠公共资本投入。

表 5-2 中国区域公共部门劳动生产率变化及其三重分解结果

区域	1986～1992 年				1993～1999 年				2000～2006 年				2007～2014 年			
	LPC	*ECH*	*TCH*	*KCH*	*LPC*	*ECH*	*TCH*	*KCH*	*LPC*	*ECH*	*TCH*	*KCH*	*LPC*	*ECH*	*TCH*	*KCH*
东部	1.042	1.007	1.022	1.013	1.051	0.995	0.955	1.110	0.986	0.995	0.922	1.075	0.984	0.984	0.933	1.074
中部	1.047	1.014	1.018	1.014	1.043	1.000	0.933	1.121	0.980	0.986	0.899	1.108	0.991	0.974	0.915	1.115
西部	1.056	1.022	1.023	1.011	1.038	1.005	0.952	1.090	0.987	0.977	0.914	1.109	0.988	0.977	0.927	1.095
东北	1.052	1.022	1.018	1.012	1.066	1.031	0.948	1.093	0.988	0.995	0.912	1.090	0.991	0.963	0.925	1.115
北部沿海	1.045	1.005	1.028	1.012	1.052	1.012	0.952	1.096	0.987	1.005	0.909	1.082	0.981	0.978	0.924	1.089
东部沿海	1.039	0.998	1.024	1.017	1.054	0.972	0.965	1.127	0.979	0.975	0.934	1.077	0.983	0.999	0.937	1.053
南部沿海	1.037	1.010	1.016	1.011	1.045	0.979	0.950	1.124	0.988	1.001	0.930	1.062	0.982	0.980	0.941	1.065
黄河中游	1.045	1.017	1.019	1.010	1.040	1.007	0.936	1.107	1.003	0.986	0.900	1.133	0.989	0.982	0.922	1.097
长江中游	1.046	1.010	1.018	1.017	1.035	0.989	0.930	1.128	0.968	0.975	0.897	1.109	0.993	0.981	0.913	1.112
西南	1.057	1.026	1.021	1.009	1.033	0.992	0.937	1.114	0.991	0.970	0.905	1.131	0.994	0.968	0.925	1.114
大西北	1.059	1.019	1.026	1.014	1.041	1.012	0.970	1.064	0.976	0.987	0.925	1.072	0.982	0.980	0.929	1.083
全国	1.049	1.014	1.021	1.013	1.044	1.000	0.948	1.105	0.985	0.986	0.913	1.097	0.987	0.978	0.926	1.093

注：*LPC*、*ECH*、*TCH* 和 *KCH* 分别表示公共部门劳动生产率、技术效率、技术进步和公共资本投入效率平均变化值。其中，东部地区包括北京、天津、河北、辽宁、上海、江苏、浙江、福建、山东、广东和海南；中部地区包括山西、吉林、黑龙江、安徽、江西、河南、湖北和湖南；西部地区包括内蒙古、广西、重庆、四川、贵州、云南、西藏、陕西、甘肃、青海、宁夏和新疆。东北包括辽宁、吉林和黑龙江；北部沿海包括北京、天津、河北和山东；东部沿海包括上海、江苏和浙江；南部沿海包括福建、广东和海南；黄河中游包括陕西、山西、河南和内蒙古；长江中游包括湖北、湖南、江西和安徽；西南包括云南、贵州、四川、重庆和广西；大西北包括西藏、甘肃、青海、宁夏和新疆。

资料来源：由作者估算而得。

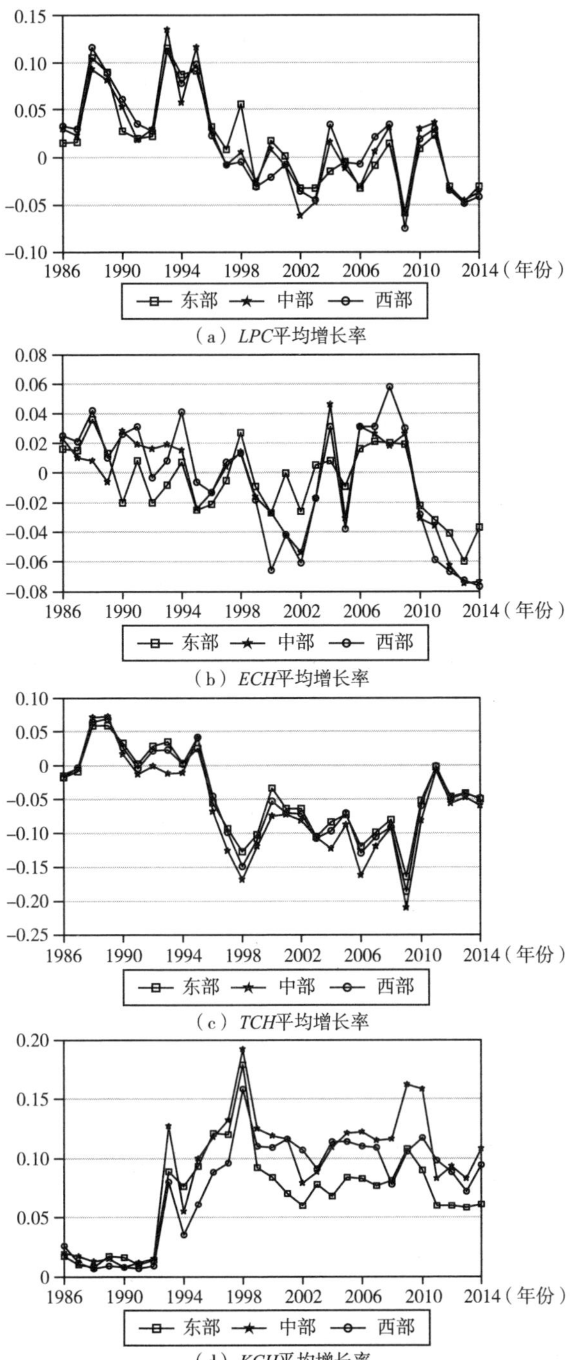

图5-1 中国区域公共部门劳动生产率及其分解项平均增长率

资料来源：由作者估算而得。

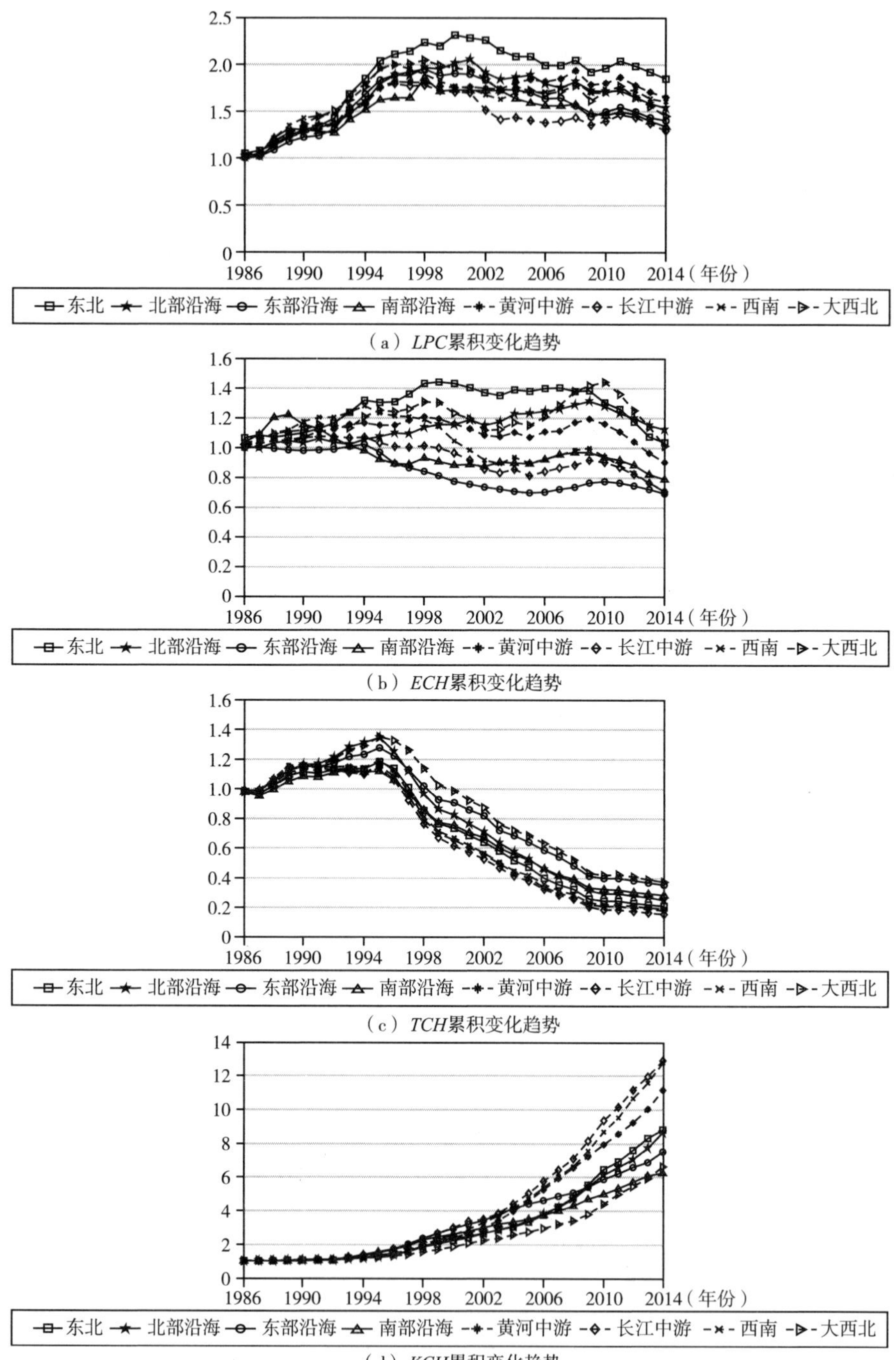

（a）*LPC*累积变化趋势

（b）*ECH*累积变化趋势

（c）*TCH*累积变化趋势

（d）*KCH*累积变化趋势

图5-2 中国区域公共部门劳动生产率及其分解项累积变化趋势

资料来源：由作者估算而得。

由此说明，20 世纪 90 年代中期以来，中国经济增长来源和增长模式都发生了重要转变，TFP 的作用明显下降（张军，2002b；郑京海和胡鞍钢，2005)，而公共资本的迅速及持续积累成为近年来推动中国经济增长的主要源泉。显然，当前我国区域经济增长仍呈现典型的政府推动型特征，政府的力量在资本形成中依然扮演着重要的角色（张军，2002a；赵志耘和吕冰洋，2005)。但是，公共资本的大量投入并不能保证劳动生产率的持续增长，由于资本形成速度最终受制于递减的边际报酬定律，过度依赖公共资本深化的高速增长不具有持续的动态改进机制，并最终导致经济的高速增长不可长期维持，这已被新兴市场国家过度依赖资本深化的经济进程所证明（Young，1994；李治国和唐国兴，2003)。

当然，公共资本投入效率是我们的分析重点。表 5－3 报告了 1986～2014 年中国省际公共资本投入效率增长情况（限于篇幅，仅列举了 8 个代表性年份数据)。总体来看，全国公共资本投入效率在 1993 年前增长缓慢，平均增长率只有 1.26%，但从 1993 年开始得到了有效提升，1993～2014 年增长率平均达到 9.79%。究其原因，我们认为这与 1994 年分税制改革实施所形成的财政分权体制有关，但具体缘由还有待后续实证检验。值得说明的是，全国公共资本投入效率在 1998 年和 2009 年增速明显加快，平均增长率分别达到 17.42% 和 12.09%。可见，地方政府在金融危机时期实施的以加大公共投资为主的积极财政政策是有效的，政府公共投资的加大不仅可以直接带动经济增长，也可以通过改善宏观经济运行环境从而提高劳动生产率。但是，2009 年以来公共资本投入效率增速的不断下降也表明，加大公共投资并不是维持公共资本投入效率的有效手段。

分省际来看，在公共资本投入效率平均增长趋势上，1986 年西藏、青海和北京的公共资本投入效率增长明显，增速分别为 12.40%、5.10%、4.30%；到 2014 年，湖南、贵州、河南公共资本投入效率处于领先水平，增速分别达到 18.70%、16.40%、16.30%。在公共资本投入效率累积增长趋势上，江西、广西和甘肃表现优异，到 2014 年累积增长分别达到 19.51%、16.53%、16.06%。

为进一步分析中国公共资本投入效率的区域差异，表 5－4 报告了1986～2014 年中国区域公共资本投入效率增长情况（限于篇幅，仅列举了 8 个代表性年份数据)。分区域来看，图 5－1（d）显示，东部、中部、西部地区公共

表 5-3　1986~2014 年中国省际公共资本投入效率增长情况（代表性年份）

地区	公共资本投入效率平均增长								公共资本投入效率累积增长							
	1986 年	1990 年	1994 年	1998 年	2002 年	2006 年	2010 年	2014 年	1986 年	1990 年	1994 年	1998 年	2002 年	2006 年	2010 年	2014 年
北京	0.043	0.040	0.019	0.103	0.003	0.077	0.044	0.049	1.043	1.085	1.103	1.361	1.506	1.777	2.240	2.542
天津	0.001	0.023	0.053	0.173	0.002	0.015	0.104	0.001	1.001	1.069	1.216	1.793	2.237	3.005	4.503	4.743
河北	0.019	0.008	0.061	0.238	0.038	0.145	0.168	0.139	1.019	1.081	1.263	2.417	3.575	5.383	9.165	13.717
山西	0.028	0.007	0.016	0.185	0.114	0.106	0.191	0.124	1.028	1.069	1.216	1.777	2.820	4.425	8.206	11.463
内蒙古	0.008	0.007	0.064	0.156	0.141	0.119	-0.001	0.000	1.008	1.049	1.278	1.916	2.851	5.488	6.709	6.708
辽宁	0.009	0.015	0.045	0.172	0.079	0.139	0.147	0.008	1.009	1.098	1.168	1.623	2.081	3.138	5.371	7.015
吉林	0.004	0.007	0.028	0.215	0.150	0.163	0.167	0.078	1.004	1.026	1.232	1.925	3.283	5.142	8.745	11.526
黑龙江	0.010	0.003	0.036	0.172	0.055	0.053	0.176	0.087	1.010	1.081	1.318	1.986	2.642	3.000	5.333	7.985
上海	0.009	0.012	0.068	0.095	0.027	0.051	0.015	0.018	1.009	1.093	1.291	1.776	2.027	2.435	2.781	2.911
江苏	0.026	0.019	0.076	0.229	0.107	0.053	0.118	0.116	1.026	1.092	1.400	2.685	4.416	6.185	8.424	11.764
浙江	0.021	0.021	0.112	0.188	0.036	0.040	0.070	0.084	1.021	1.069	1.350	2.672	3.834	5.316	6.454	7.896
安徽	0.029	0.002	0.013	0.196	0.083	0.143	0.189	0.130	1.029	1.052	1.132	1.956	2.980	4.639	8.856	12.118
福建	0.018	0.006	0.130	0.355	0.078	0.073	0.068	0.004	1.018	1.040	1.367	2.837	3.611	4.543	6.336	8.328
江西	0.020	0.029	0.103	0.219	0.001	0.188	0.127	0.000	1.020	1.183	1.690	2.980	4.618	10.343	15.813	19.510
山东	0.026	0.005	0.030	0.184	0.149	0.183	0.136	0.150	1.026	1.058	1.202	2.010	3.261	5.249	8.650	13.568
河南	0.040	0.004	0.094	0.206	0.129	0.155	0.124	0.163	1.040	1.061	1.343	2.534	3.892	6.628	9.984	14.569

续表

地区	公共资本投入效率平均增长								公共资本投入效率累积增长							
	1986 年	1990 年	1994 年	1998 年	2002 年	2006 年	2010 年	2014 年	1986 年	1990 年	1994 年	1998 年	2002 年	2006 年	2010 年	2014 年
湖北	0. 010	0. 004	0. 091	0. 175	0. 101	0. 040	0. 131	0. 092	1. 010	1. 062	1. 327	2. 376	3. 544	4. 126	5. 881	7. 987
湖南	0. 019	0. 006	0. 057	0. 171	0. 001	0. 131	0. 159	0. 187	1. 019	1. 065	1. 284	2. 053	2. 876	3. 980	6. 923	12. 188
广东	0. 011	0. 010	0. 145	0. 099	0. 114	0. 067	0. 067	0. 028	1. 011	1. 036	1. 435	2. 069	2. 799	3. 670	4. 643	5. 420
广西	0. 017	0. 009	0. 071	0. 184	0. 107	0. 163	0. 215	0. 127	1. 017	1. 041	1. 252	2. 008	3. 254	4. 834	9. 967	16. 532
海南	0. 002	0. 018	0. 100	0. 130	0. 033	0. 073	0. 054	0. 071	1. 002	1. 050	1. 349	1. 992	2. 520	3. 006	4. 073	5. 047
重庆	0. 010	0. 006	0. 082	0. 226	0. 188	0. 140	0. 086	0. 040	1. 010	1. 039	1. 250	2. 246	4. 079	7. 050	10. 142	12. 084
四川	0. 027	0. 006	0. 051	0. 254	0. 001	0. 193	0. 206	0. 106	1. 027	1. 078	1. 230	2. 084	2. 891	5. 290	9. 253	14. 782
贵州	0. 007	0. 012	0. 008	0. 197	0. 235	0. 100	0. 096	0. 164	1. 007	1. 034	1. 207	1. 803	3. 429	5. 727	7. 854	12. 795
云南	0. 011	0. 003	0. 026	0. 145	0. 088	0. 133	0. 118	0. 092	1. 011	1. 055	1. 226	1. 860	2. 793	4. 049	6. 173	7. 862
西藏	0. 124	0. 010	0. 000	0. 029	0. 097	0. 000	-0. 001	0. 000	1. 124	1. 135	1. 134	1. 165	1. 552	1. 552	1. 603	1. 602
陕西	0. 009	0. 001	0. 001	0. 175	0. 114	0. 190	0. 071	0. 118	1. 009	1. 023	1. 139	1. 628	2. 466	4. 494	6. 932	11. 964
甘肃	0. 033	0. 014	0. 037	0. 196	0. 101	0. 105	0. 216	0. 156	1. 033	1. 105	1. 191	1. 874	3. 321	5. 044	9. 286	16. 057
青海	0. 051	0. 017	-0. 001	0. 108	0. 067	0. 041	0. 098	0. 122	1. 051	1. 075	1. 209	1. 600	2. 128	2. 539	3. 228	4. 460
宁夏	0. 005	0. 000	0. 045	0. 108	0. 062	0. 104	0. 191	0. 063	1. 005	1. 033	1. 140	1. 567	2. 145	3. 007	4. 529	5. 890
新疆	0. 005	0. 010	0. 029	0. 120	0. 083	0. 034	0. 104	0. 135	1. 005	1. 077	1. 201	1. 634	2. 117	2. 552	3. 392	5. 165
全国	0. 021	0. 011	0. 055	0. 174	0. 083	0. 104	0. 118	0. 086	1. 021	1. 068	1. 263	2. 007	2. 953	4. 439	6. 821	9. 555

资料来源：由作者估算而得。

表 5-4　　1986~2014 年中国区域公共资本投入效率增长情况（代表性年份）

区域	公共资本投入效率平均增长								公共资本投入效率累积增长							
	1986 年	1990 年	1994 年	1998 年	2002 年	2006 年	2010 年	2014 年	1986 年	1990 年	1994 年	1998 年	2002 年	2006 年	2010 年	2014 年
东部	0.017	0.016	0.076	0.179	0.060	0.083	0.090	0.061	1.017	1.070	1.286	2.112	2.897	3.973	5.694	7.541
中部	0.020	0.008	0.055	0.192	0.079	0.122	0.158	0.108	1.020	1.075	1.318	2.198	3.332	5.285	8.718	12.168
西部	0.026	0.008	0.035	0.158	0.107	0.110	0.117	0.094	1.026	1.062	1.205	1.782	2.752	4.302	6.589	9.659
东北	0.008	0.008	0.036	0.186	0.095	0.118	0.163	0.058	1.008	1.068	1.240	1.845	2.669	3.760	6.483	8.842
北部沿海	0.022	0.019	0.041	0.174	0.048	0.105	0.113	0.085	1.022	1.073	1.196	1.895	2.645	3.854	6.139	8.642
东部沿海	0.019	0.018	0.085	0.171	0.056	0.048	0.067	0.073	1.019	1.084	1.347	2.377	3.426	4.645	5.886	7.523
南部沿海	0.011	0.011	0.125	0.195	0.075	0.071	0.063	0.034	1.011	1.042	1.384	2.300	2.977	3.740	5.017	6.265
黄河中游	0.021	0.005	0.044	0.180	0.124	0.142	0.096	0.101	1.021	1.051	1.244	1.964	3.007	5.259	7.958	11.176
长江中游	0.020	0.010	0.066	0.190	0.047	0.126	0.152	0.102	1.020	1.091	1.358	2.341	3.505	5.772	9.368	12.951
西南	0.014	0.007	0.048	0.201	0.124	0.146	0.144	0.106	1.014	1.049	1.233	2.000	3.289	5.390	8.678	12.811
大西北	0.044	0.010	0.022	0.112	0.082	0.057	0.122	0.095	1.044	1.085	1.175	1.568	2.253	2.939	4.408	6.635
全国	0.021	0.011	0.055	0.174	0.083	0.104	0.118	0.086	1.021	1.068	1.263	2.007	2.953	4.439	6.821	9.555

注：东部地区包括北京、天津、河北、辽宁、上海、江苏、浙江、福建、山东、广东和海南；中部地区包括山西、吉林、黑龙江、安徽、江西、河南、湖北和湖南；西部地区包括内蒙古、广西、重庆、四川、贵州、云南、西藏、陕西、甘肃、青海、宁夏和新疆。东北包括辽宁、吉林和黑龙江；北部沿海包括北京、天津、河北和山东；东部沿海包括上海、江苏和浙江；南部沿海包括福建、广东和海南；黄河中游包括陕西、山西、河南和内蒙古；长江中游包括湖北、湖南、江西和安徽；西南包括云南、贵州、四川、重庆和广西；大西北包括西藏、甘肃、青海、宁夏和新疆。

资料来源：由作者估算而得。

资本投入效率的增长趋势较为一致，东部和中部地区公共资本投入效率的增长水平在1999年之前明显高于西部地区，但在1999年之后西部地区超过了东部地区并一直保持着高于东部地区的增长水平（除2008年和2009年之外）。我们认为，这与西部大开发战略的实施有密切关联。改革开放以来，由于我国区域间经济发展差距不断扩大，处于低发展水平的西部地区面临的最大障碍就是缺乏资本，私人资本积累缺少动力和能力，因此中央政府于1999年开始实施西部大开发战略，重点加强了西部地区基础设施建设尤其是交通基础设施建设，导致1999年以来西部地区生产性公共资本存量增速远高于东部、中部地区，西部省份基础设施和生态环境得到不同程度的改善，从而带动了西部地区公共资本投入效率的提高以及经济增长，这也印证了刘生龙等（2009）提出的以交通基础设施建设为主的西部大开发战略在中国区域经济收敛中发挥作用的论点。

若进一步将全国按八大区域划分，图5－2（d）显示，长江中游、西南和黄河中游地区的公共资本投入效率累积增长较快，北部沿海、东北、东部沿海和南部沿海地区次之，累积增长最慢的是大西北。结合第三章的研究结论不难发现，长江中游、西南和黄河中游的公共资本规模远不及沿海地区，但公共资本投入效率累积增速却快于沿海地区。这说明，随着西部大开发和中部崛起等重大战略的实施，中央及地方政府加大了中部、西部地区公共资本投资力度，这对于资本原本极度匮乏的中部、西部地区而言，公共资本边际生产率呈现递增态势，从而带动了公共资本投入效率的提升；而沿海地区公共资本存量一直处于全国领先水平，公共投资对其经济增长的意义已经在数量上表现不明显，因此公共资本投入效率增长有限。这与李桢业和金银花（2006a）的研究结论不谋而合，他们研究发现，长三角发达城市公共资本积累规模不断扩大，导致这些城市人均资本拥有量总体大幅上升，从而引发公共资本边际生产率递减，然而资本利用效率或者技术创新水平没有明显提高，并不足以抵消公共资本边际生产率下降的趋势。另外，大西北地区不仅公共资本规模过小，公共资本投入效率也处于落后状态，公共投资严重不足已经成为阻碍其劳动生产率提高的重要“瓶颈”。地方公共资本投资分配不均衡从而成为影响公共资本投入效率差异的原因之一。

第四节 中国公共资本投入效率区域差异

一、研究方法

区域差异问题一直是地理经济学家以及政府经济管理者们所共同关注的问题之一。改革开放以来，中国的经济增长举世瞩目，但区域差异不断扩大也成为愈发严重的现实问题。若要保持中国经济健康可持续发展，客观上必然要求关注公共资本投入效率的区域差异问题，把维持省际公共资本投入效率协调发展放到公共政策制定的重要位置。第三章的分析表明，随着中央和地方政府对公共基础设施重视程度的不断提高，省际公共资本投入无论在量上还是质上均得到了显著改善。但是，不容忽视的是，各地区公共资本投入效率存在差异也是显而易见的，那么问题在于：伴随着时间的推移，公共资本投入效率的区域差异是在持续扩大抑或渐趋缩减？

纵观现有文献，研究区域差异的方法有很多，特别是自 20 世纪 90 年代以来，越来越多的学者开始采用不同的研究方法关注区域差异问题。陈秀山（2004）、刘慧（2006）等综合采用了基尼系数（Gini）、变异系数（CV）、泰尔指数（Theil）等方法对中国区域差异问题进行了比较研究，研究结果表明上述指标在揭示区域差异的演变规律方面是相似的。因此，受上述研究的启发，此处我们选取较常使用的泰尔指数（Theil，1967）对中国各地区公共资本投入效率差异变化趋势展开研究，其测算公式为：

$$T = \frac{1}{n}\sum_{i\in n}\frac{y_i}{\mu}\ln\frac{y_i}{\mu} \tag{5.13}$$

其中，n 表示地区数量，y_i 为地区 i 的公共资本投入效率，μ 代表各地区公共资本投入效率均值。为了挖掘公共资本投入效率的组内差异和组间差异，我们进一步分解式（5.13）：

$$T = \frac{1}{n}\sum_{k=1}^{m}\sum_{i\in n_k}\frac{y_i}{\mu}\ln\frac{y_i}{\mu} = \sum_{k=1}^{m}\frac{n_k}{n}\frac{\mu_k}{\mu}\frac{1}{n_k}\sum_{i\in n_k}\frac{y_i}{\mu_k}\ln\frac{y_i}{\mu_k} + \frac{1}{n}\sum_{k=1}^{m}\sum_{i\in n_k}\frac{\mu_k}{\mu}\ln\frac{\mu_k}{\mu} \tag{5.14}$$

$$T_w = \sum_{k=1}^{m} f_k \frac{\mu_k}{\mu} T(y^k) \ , T_b = \sum_{k=1}^{m} f_k \frac{\mu_k}{\mu} \ln \frac{\mu_k}{\mu} \tag{5.15}$$

其中，m 为分组数，μ_k 为第 k 组样本平均公共资本投入效率，f_k 为第 k 组样本个数与样本总数的比值；T_w 表示组内差异，T_b 表示组间差异。

二、测度结果与分析

我们分别对中国31个省份（因资料限制，研究对象不包括我国香港、澳门、台湾地区）、三大区域（东部、中部、西部）、八大区域（东北、北部沿海、东部沿海、南部沿海、黄河中游、长江中游、西南和大西北）公共资本投入效率差异进行测算，结果如图5－3所示。

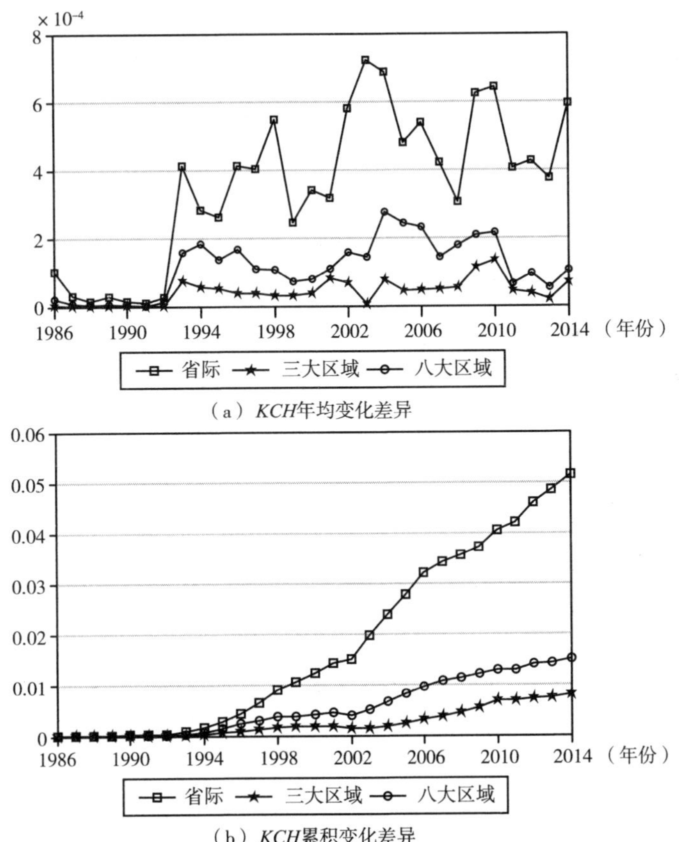

（a）*KCH*年均变化差异

（b）*KCH*累积变化差异

图5－3　中国区域公共资本投入效率变化差异趋势

资料来源：由作者估算而得。

总体而言，公共资本投入效率的区域差异大致经历了以下两个阶段：（1）第一阶段：1986～1992年，各区域间公共资本投入效率差异较小并基本保持不变；（2）第二阶段：1993～2014年，各区域间公共资本投入效率差异呈不断扩大趋势。其中，公共资本投入效率累积变化差异明显高于其年均变化差异，而省际间公共资本投入效率差异水平最高，八大区域差异次之，三大区域差异最小。省际、八大区域、三大区域的公共资本投入效率累积变化差异从1986年的接近于0分别上升到2014年的0.0515、0.0151和0.0081。这说明，公共资本投入效率的区域差异自1993年以来呈现持续发散的格局，并且这种差异主要来源于省际间。一种可能的解释是，随着分税制改革实施带来的财政分权水平的提高，各地方政府财政支出水平与当地经济状况挂钩，经济发展水平较高的省份能有更多的资源用于基础设施建设等公共投资，从而带来了各地基础设施在质量和数量上的差异（范子英和张军，2009），进而影响各地的投资水平与经济增长，最终造成各地区公共资本投入效率差异呈现持续扩大化。显然，这种空间差异的持续扩大化应该引起足够的重视。

表5-5报告了中国区域公共资本投入效率累积变化差异及其分解结果。从三大区域来看，东部地区公共资本投入效率累积变化差异不断下降，从1986年的0.0980下降到2014年的0.0564；西部地区公共资本投入效率累积变化差异从1986年的0.0002逐渐上升到2014年的0.0587；而中部地区公共资本投入效率累积变化差异则相对微弱，从1986年的接近于0上升到2014年的0.0168。由此看出，东部、西部地区公共资本投入效率累积变化差异明显高于中部地区，而造成三大区域效率差异的主要原因来源于区域内而非区域间。从八大区域来看，大西北地区公共资本投入效率累积变化差异尤为明显，从1986年的0.0004逐渐上升到2014年的0.1067；北部沿海、东部沿海、长江中游的公共资本投入效率累积变化差异也呈上升趋势，分别由1986年的接近于0上升到2014年的0.0816、0.0553和0.0217；而东北、南部沿海、黄河中游和西南地区公共资本投入效率累积变化差异不大。对于八大区域的效率差异，区域内差异和区域间差异分别贡献了58.61%和41.39%。可见，公共资本投入效率的区域差异与公共资本投入的规模以及空间分布的非均衡性密切相关。

表 5－5　中国区域公共资本投入效率累积变化差异及分解（代表性年份）

区域		1986 年	1989 年	1992 年	1995 年	1998 年	2001 年	2004 年	2007 年	2010 年	2014 年
三大区域	东部	0.0980	0.0971	0.0972	0.0910	0.0854	0.0814	0.0748	0.0635	0.0553	0.0564
	中部	0.0000	0.0002	0.0007	0.0038	0.0061	0.0087	0.0200	0.0317	0.0243	0.0168
	西部	0.0002	0.0002	0.0001	0.0007	0.0053	0.0110	0.0220	0.0333	0.0426	0.0587
	组内差异	0.0347	0.0344	0.0348	0.0343	0.0350	0.0347	0.0385	0.0414	0.0393	0.0432
	组间差异	0.0001	0.0004	0.0006	0.0026	0.0034	0.0048	0.0048	0.0046	0.0048	0.0029
八大区域	东北	0.0000	0.0002	0.0002	0.0010	0.0016	0.0055	0.0103	0.0146	0.0126	0.0101
	北部沿海	0.0000	0.0000	0.0000	0.0010	0.0089	0.0186	0.0262	0.0399	0.0528	0.0816
	东部沿海	0.0000	0.0000	0.0001	0.0004	0.0073	0.0180	0.0272	0.0277	0.0376	0.0553
	南部沿海	0.0000	0.0000	0.0001	0.0001	0.0058	0.0047	0.0057	0.0067	0.0078	0.0114
	黄河中游	0.0000	0.0000	0.0001	0.0020	0.0064	0.0063	0.0060	0.0042	0.0057	0.0150
	长江中游	0.0000	0.0003	0.0011	0.0052	0.0061	0.0100	0.0262	0.0426	0.0342	0.0217
	西南	0.0000	0.0001	0.0000	0.0002	0.0014	0.0020	0.0076	0.0070	0.0067	0.0120
	大西北	0.0004	0.0002	0.0001	0.0004	0.0048	0.0130	0.0229	0.0394	0.0695	0.1067
	组内差异	0.0001	0.0001	0.0002	0.0013	0.0052	0.0095	0.0164	0.0224	0.0268	0.0367
	组间差异	0.0006	0.0003	0.0003	0.0029	0.0024	0.0014	0.0068	0.0149	0.0193	0.0252
省际		0.0001	0.0002	0.0003	0.0028	0.0092	0.0144	0.0239	0.0343	0.0405	0.0515

资料来源：由作者估算而得。

第五节　本章小结

本章基于中国公共资本投入对经济增长具有显著正向作用的实证支撑，结合库马尔和拉塞尔（Kumar & Russell，2002）对劳动生产率的三重分解框架，运用规模报酬可变的数据包络分析法（DEA），基于投入产出绩效视角将公共部门劳动生产率变化分解为技术效率、技术进步和公共资本投入效率变化三大来源，对1986年以来中国省际公共部门劳动生产率及其分解项的动态变化进行探讨，并重点关注公共资本投入效率的变化趋势及其区域差异。研究结果表明：（1）1985年以来我国经济增长对应两种不同的增长模式：第一阶段（1985～1995年），表现为经济的高速增长和公共部门劳动生产率的高速增长，而劳动生产率的增长主要得益于技术进步；第二阶段（1996～2014年），表现为经济的高速增长和公共部门劳动生产率的低速增长，具体特征为技术进步和技术效率有所减缓，劳动生产率的增长主要依靠公共资本投入；（2）20世纪90年代中期以来，中国经济增长来源和增长模式都发生了重要转变，TFP的作用明显下降，技术效率和技术进步的减缓是公共部门劳动生产率下降的主因，而公共资本的迅速及持续积累成为近年来推动中国经济增长的主要源泉，我国区域经济增长仍呈现典型的政府推动型特征，但仅仅依靠公共资本的大量投入并不能有效维持公共部门劳动生产率的持续增长；（3）总体上，中国公共资本投入效率在1993年前增长缓慢，从1993年开始得到了有效提升，并在1998年和2009年增速明显加快，地方政府在金融危机时期实施的以加大公共投资为主的积极财政政策是有效的，但2009年以来公共资本投入效率增速的不断下降表明加大公共投资并不是维持公共资本投入效率的有效手段；（4）区域上，东部和中部地区公共资本投入效率的增长水平在1999年之前明显高于西部地区，但在1999年之后西部地区超过了东部地区并一直保持着高于东部地区的增长水平，长江中游、西南和黄河中游地区的公共资本投入效率累积增长较快，北部沿海、东北、东部沿海和南部沿海地区次之，累积增长最慢的是大西北；（5）公共资本投入效率累积变化差异明显高于其年均变化差异，而省际间公共资本投入效率差异水平最高，八大区域差异次之，三大区域差异最小，公共资本投入效率的区域差异自1993年以来呈现持续发散的格局，并且这种差异主要来源于省际间；

(6) 东部、西部地区公共资本投入效率累积变化差异明显高于中部地区，而造成三大区域效率差异的主要原因来源于区域内而非区域间，大西北地区公共资本投入效率累积变化差异尤为明显，北部沿海、东部沿海、长江中游的公共资本投入效率累积变化差异也呈上升趋势，而东北、南部沿海、黄河中游和西南地区公共资本投入效率累积变化差异不大。

本章经验分析所蕴含的启示是，改善和提高公共资本投入促进经济增长的实际效果，缩小区域差距，客观上要求将合理配置公共资本投入规模放在优先位置，兼顾投入结构的优化与区域均衡协调机制，最终达到改善公共资本投入效率、缩小区域差异的战略目标。由于劳动生产率变动是技术效率、技术进步与资本投入效率等多因素综合作用的结果，而资本形成速度最终受制于递减的边际报酬定律，过度依赖公共资本深化的政府推动型经济增长并不可长期维持，合理配置公共资本投资的同时注重发挥 TFP 的作用就显得十分重要。因此，一方面，地方政府应通过优化公共投资结构有效发挥公共资本对经济增长的促进作用，中央政府也应注意实现公共资本在全国范围内的均衡配置，在合理控制东部沿海地区公共资本投入规模的过度扩张的同时加强中、西部地区公共资本规模，使公共资本投入规模保持在资源利用效率的最佳状态；另一方面，通过不断提高政府工作效率和国有企业生产效率，进一步加强企业自主创新能力并完善自主创新激励机制，促使技术效率和技术进步得以提升，实现我国经济增长方式由粗放型向集约型的转变。

第六章　中国公共资本投入效率的影响因素研究

前述研究表明，中国公共资本投入效率在1993年前增长缓慢，自1993年后增速明显。究其原因，我们认为这与1994年分税制改革实施所形成的财政分权体制有关。为了验证1993年以来公共资本投入效率的显著提升是否由于财政分权水平的提高，并进一步厘清导致各地区公共资本投入效率产生差异的其他因素所在，我们尝试基于财政分权视角对公共资本投入效率的影响因素展开理论分析和实证检验，以期为未来新一轮财税体制改革和中国现代财政制度构建提供方向性指导。因此，本章首先从理论层面搭建财政分权与公共资本投入效率间关系的理论框架，然后从财政收入分权和财政支出分权两个维度出发，实证考察中国财政分权体制等因素对地方公共资本投入效率增长的影响。

第一节　引　　言

自西方发达国家在20世纪90年代实施了以“新公共管理理论”为指导的公共部门改革以来，财政分权与公共服务供给效率之间的关系受到了国外理论界的高度关注。但由于财政分权水平和公共服务供给效率测度方法的选择、假设前提的差异以及实证模型与估计方法的不同，实证分析结果呈现二者存在正相关抑或负相关两种相互对立的观点。一方面，财政分权可以通过偏好匹配与资源优化配置（Kayek，1945；Tiebout，1956；Musgrave，1969）、建立更加严厉的问责制（Cantarero et al.，2006；Brosio & Ahmad，2008）以及“用脚投票”机制（Persson & Tabellini，2000；Hindriks & Lockwood，2009）来提高公共服务供给效率。另一方面，财政分权也会因阻碍规模经济效应的出现、降低中央政府的再分配功能（Minassian，1997）、政府间责任划分不明确（Davoodi & Zou，1998；Zhang & Zou，1998；Pike et al.，2010；Grisorio & Prota，2015）而妨碍公共服务的供给。在国内，于长革（2008）基于中国式财政分权的基本特征理论诠释了财政分权促进公共服务供给的作用机制；刘长生等（2008）以义务教育为例，实证检验发现财政分权从总体上有利于义务教育供给效率的提升，但存在显著的地区差异；龚锋和卢洪友（2013）利用公共品供给的萨缪尔森条件对地方公共服务配置效率内涵进行理论界定，并以义务教育和医疗卫生服务为例，研究发现医疗卫生和义务教育配置效率受到多维财政分权的影响，大小和方向均存在较大差异；余显财和朱美聪（2015）实证检验财政分权对医疗供给水平的影响时发现，财政分权在剔除“市场”供给因素后与医疗供给负相关；储德银等（2018）构建了一个财政分权与公共服务供给效率之间非线性关系的理论框架，并通过实证检验得出中国式分权与义务教育服务供给效率之间具有显著的非线性效应，且这种效应是一个不断凸显的渐进过程。

可见，现有文献从义务教育、医疗卫生等公共部门出发，对财政分权与公共服务供给效率展开了广泛研究。但是，考虑到公共服务与公共资本积累对经济增长的作用机制与影响存在差异，以公共服务为研究对象无法反映财政分权与公共资本积累间的内在联系。同时，现有文献大多以“公共服务最大化”作为政府行为目标展开研究，这对于我国财政分权体制下形成的地方政府“标尺竞争”现状并不完全适用，无论是“标尺竞争”带来的财政激励还是政治激励，最终都表现为地方政府以追求“产出最大化”为目标（范子英和张军，2009）。因此，我们试图将研究视角从公共服务供给转移到公共资本投入上，探讨财政分权与公共资本投入效率间的内在联系。

有鉴于此，本章在已有研究的基础上，首先通过借鉴斯特盖瑞斯科（Stegarescu，2009）、利贝拉蒂和萨拉（Liberati & Sciala，2011）、亚当等（Adam et al.，2014）的研究，从理论层面搭建财政分权与公共资本投入效率间关系的理论框架，然后建立面板门限回归模型，从财政收入分权和财政支出分权两个维度出发，基于中国 1994～2014 年 31 个省级面板数据实证考察中国财政分权体制以及经济发展水平、对外开放度、外商直接投资、政府规模、受教育水平对地方公共资本投入效率增长的影响。

第二节 理论框架

我们借鉴斯特盖瑞斯科（Stegarescu，2009）、利贝拉蒂和萨拉（Liberati & Sciala，2011）、亚当等（Adam et al.，2014）、储德银等（2015）的研究，试图搭建财政分权与公共资本投入效率间关系的理论框架。首先，我们假设有 N 个具有相同人口规模的行政辖区，中央政府对每个辖区 $i(i=1,2,\cdots,N)$ 征收单位税 t_i 并决定税收在辖区间的分配，则中央政府分配给第 i 个辖区政府的税收份额可表示为：

$$T_{L,i} = \theta_i \sum_{i=1}^{N} t_i , \theta = \sum_{i=1}^{N} \theta_i \tag{6.1}$$

其中，θ 表示中央政府分配给 N 个辖区政府的税收总比重，θ_i 为中央政府根据分权体制分配给第 i 个辖区政府的税收比重，即代表分权程度的高低。每个辖区政府 i 自主决定生产当地公共品 $g_{L,i}$ 的资金投入 x_i，假定辖区公共品生产呈边际产量递减趋势，则辖区 i 的公共品生产函数可表示为：

$$g_{L,i} = (x_i)^{\varphi} \tag{6.2}$$

其中，φ 是辖区政府提供公共品 $g_{L,i}$ 的技术参数且满足 $\varphi < 1$。虽然辖区政府以当地居民效用最大化为目标，但辖区政府官员也会因自利而试图从辖区税收收入 $T_{L,i}$ 中转移租金，并不会将其完全用于公共品 $g_{L,i}$ 的生产，即 $x_i < T_{L,i}$。

进一步地，我们假定中央政府支配税收剩余部分 $(1-\theta)\sum_{i=1}^{N} t_i$ 并用于提供公共品 g_C，参照霍姆（Homme，1995）和斯坦（Stein，1997）关于中央政府在提供相应公共品时比辖区政府更具技术优势的论点，此处假设中央政府提供公共品 g_C 的技术参数为 1，即利用单位线性技术进行生产。

基于以上分析，我们发现，财政分权对公共资本投入效率的影响是不确定的：一方面，辖区政府提供公共品的技术劣势增加了公共品的单位生产成本，分权对公共资本投入效率产生一定负面影响；另一方面，由于分权强化了辖区政府官员的选举管理，分权水平的提高可有效控制辖区政府官员转移租金的能力，进而对公共资本投入效率产生一定积极影响。为进一步确定二者关系，我们对辖区政府和中央政府的决策方案分别展开分析。

一、辖区政府

辖区政府 i 从中央政府获得了税收收入 $T_{L,i} = \theta_i \sum_{i=1}^{N} t_i$ 并自主决定当地公共品 $g_{L,i}$ 的资金投入 x_i。为了获取辖区政府相对简单且贴近事实的决策方案，我们假定辖区政府官员效用满足以下自然对数形式的线性效用函数：

$$v_i = y_i - t_i + \ln(g_{L,i}) + \ln(g_C) + \lambda(\theta_i)\ln(T_{L,i} - x_i) \tag{6.3}$$

其中，y_i 表示辖区 i 外生的人均收入。辖区政府官员除了关心辖区居民效用外，还关心其能够从辖区税收收入中转移的租金份额。参数 $\lambda(\theta_i)$ 则指辖区政府官员转移租金的权重系数，$\lambda(\theta_i)$ 越大则表明辖区 i 内居民监督辖区官员的能力越低（即居民选举责任越低）且居民福利的相对权重越低。此处假定 λ 可表示为财政分权 θ_i 的函数且辖区居民的选举责任随财政分权程度的增加而以递增的速度减少，即：

$$\lambda_{\theta_i} < 0, \lambda_{\theta_i\theta_i} > 0 \tag{6.4}$$

为进一步简化分析且不失一般性，我们假设：

$$\lambda(\theta_i) = \frac{\alpha}{\theta_i} \tag{6.5}$$

其中，α 为常数且 $\alpha > 1$。

将辖区政府公共品生产函数 $g_{L,i} = (x_i)^{\varphi}$ 等约束条件代入式（6.3），辖区政府目标函数最大化关于 x_i 的一阶条件为：

$$\frac{\varphi}{x_i} = \frac{\alpha}{\theta_i} \tag{6.6}$$

根据式（6.6）可以得到辖区 i 资金投入量 x_i 的均衡解：

$$x_i = \frac{\varphi\theta_i}{\alpha} \tag{6.7}$$

二、中央政府

中央政府对每个辖区统一征税且选择能让居民实现效用最大化的最优单

位税 t_i，则居民的个人效用函数可以表示为：

$$u_i = y_i - t_i + \ln(g_{L,i}) + \ln(g_C) \tag{6.8}$$

中央政府的目标在于实现居民效用最大化，因此，结合式（6.7）可进一步得到中央政府的目标函数：

$$u_i = y_i - t_i + \varphi \ln\left(\frac{\varphi\theta_i}{\alpha}\right) + \ln\left[(1-\theta)\sum_{i=1}^{N} t_i\right] \tag{6.9}$$

则中央政府目标函数最大化关于 t_i 的一阶条件为：

$$-1 + \frac{1}{\sum_{i=1}^{N} t_i} = 0 \tag{6.10}$$

式（6.10）说明，中央政府的最优税率并不取决于辖区的特定参数，每个辖区的最优税率可以表示为：

$$t = \frac{1}{N} \tag{6.11}$$

三、财政分权与公共资本投入效率间关系

借鉴阿丰索等（Afonso et al.，2005）、亚当等（Adam et al.，2011）的研究，我们将公共资本投入效率 *eff* 定义为公共品供给时的产出投入比，则公共资本投入效率 *eff* 可表示为：

$$eff = \frac{g_L + g_C}{\sum_{i=1}^{N} t_i} = \frac{g_L + g_C}{Nt} \tag{6.12}$$

将式（6.7）、式（6.11）以及中央政府、辖区政府公共品生产函数代入式（6.12），可以得到：

$$eff = \left(\frac{\varphi\theta}{\alpha}\right)^{\varphi} + (1-\theta) \tag{6.13}$$

在式（6.13）基础上求关于 θ 的一阶导数，得到：

$$\frac{\partial eff}{\partial \theta} = \varphi\left(\frac{\varphi}{\alpha}\right)^{\varphi}\theta^{\varphi-1} - 1 \tag{6.14}$$

根据式（6.14）无法确定一阶导数符号，因此，财政分权 θ 对公共资本投入效率 eff 的影响是非单调的。我们进一步求解关于 θ 的二阶导数，可以得到：

$$\frac{\partial^2 eff}{\partial \theta^2} = \varphi(\varphi - 1)\left(\frac{\varphi}{\alpha}\right)^{\varphi}\theta^{\varphi-2} < 0 \tag{6.15}$$

由于辖区政府生产公共品 $g_{L,i}$ 的技术参数 $\varphi < 1$，公共资本投入效率 eff 关于财政分权 θ 的二阶导数小于零。因此，根据式（6.14）和式（6.15）可知，公共资本投入效率与财政分权之间存在倒“U”形的非线性关系，如图 6－1 所示。

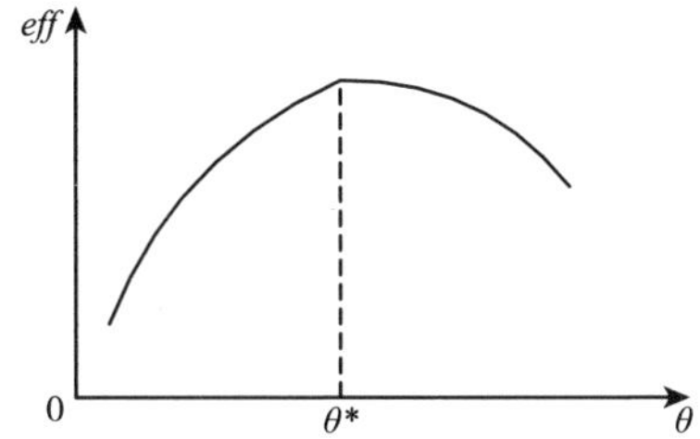

图 6－1　财政分权对公共资本投入效率的影响趋势

资料来源：由作者推导得出。

首先，当财政分权小于最优分权 θ^* 时，增加分权有利于提高公共资本投入效率。此时财政分权体制一方面通过培育“竞争机制”降低地方政府官员因自利动机滋生腐败或产生寻租行为（Brennan & Buchanan，1980；Weingast，1995），同时，中央政府和辖区居民通过严厉的问责制以及地方官员职务晋升的个人追求两个维度促使地方政府更加积极关注辖区居民福利，实现辖区资源优化配置之余改善公共资本投入效率；另一方面，辖区居民利用“用脚投票”建立“倒逼机制”促使地方政府展开竞争和经济锦标赛，进一步推动和促使地方政府依据其对辖区居民需求偏好的信息优势不断提升辖区公共资本的投入效率（储德银等，2018）。

其次，当财政分权大于最优分权 θ^* 时，财政分权水平的提高会对公共资本投入效率产生负面影响。虽然此时地方政府可以通过信息优势更好地满足辖区居民的需求偏好，从而实现公共资本投入范围选择的经济性，但地方政府层面的过度竞争与公共资本投入的进一步地区分化也会因为供给规模的不经济反而降低公共资本的投入效率。与此同时，地方政府不仅相比中央政府更容易受到利益集团的游说和俘获，而且过度分权下的地方政府还会因其人员素质、技术水平和管理能力等方面的内在不足进一步导致公共资本投入效率的下降。更为重要的是，过度分权不仅促使地方政府摆脱对中央政府财力转移约束的掣肘，而且导致地方政府官员因自利而频发寻租行为（吴一平，2008），并在“唯 GDP”的行政考核机制下开展“经济锦标赛”（傅勇，2010）导致公共资本的过度投入。

最后，当财政分权水平等于最优分权 θ^* 时，公共资本投入效率最高。

第三节　实证模型、变量选取与数据说明

一、曲线拟合

为了初步检验财政分权与公共资本投入效率间呈倒“U”形的非线性关系，我们尝试对二者进行曲线拟合。根据威尔斯特雷斯（Weierstress）多项式最佳逼近定理，任何类型的函数都可以用多项式来逼近，且多项式近似模型具有较强的非线性处理能力。其中，一阶多项式模型的计算量较小，可以对线性问题进行较好的拟合，但对于非线性问题则很难反映真实的响应情况。而对于三阶或者更高阶次的多项式模型，虽然拟合精度较高，但是其包含较多的待定系数项，计算成本较大；二阶多项式模型则较好地解决了一阶多项式模型和高阶多项式模型存在的缺点，其具有对非线性系统的拟合形式灵活，对真实响应的近似程度较高，待定系数的求解过程比较简单等优点，应用范围更为广泛。因此，我们利用 Matlab2010 对财政分权与公共资本投入效率进行二阶多项式的曲线拟合。

图 6－2 分别给出了财政分权 *FD*1、*FD*2、*FD*3 和 *FD*4 与公共资本投入效率间的曲线拟合图，*FD*1、*FD*2 代表财政收入分权，*FD*3、*FD*4 代表财政支出分权，具体变量和数据的选取将在下文详细说明，此处不再赘述。拟合结果表明，无论是采用财政收入分权指标还是财政支出分权指标，财政分权与公共资本投入效率间的确存在非线性关系。公共资本投入效率随着财政分权水平的提高而不断增加，但增加幅度不断递减；当财政分权水平达到一定程度时，公共资本投入效率增速会随着财政分权水平的提高而有所下降，而这种下降趋势在财政支出分权中表现得更为明显。

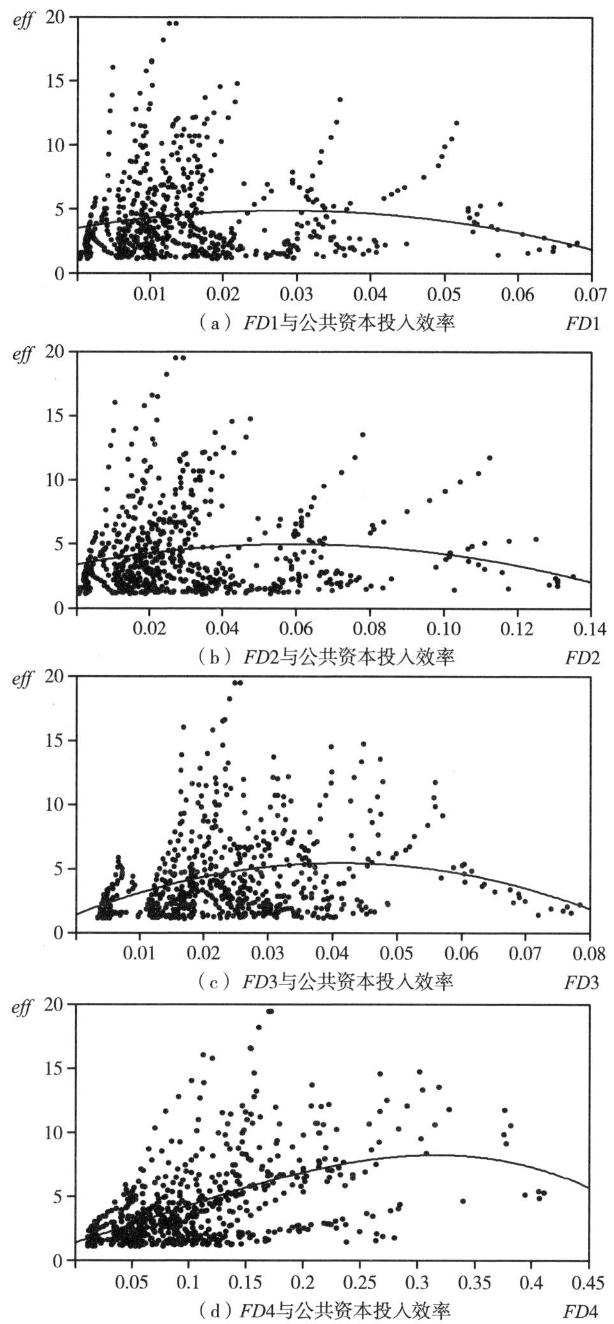

图 6－2　中国财政分权与公共资本投入效率间的曲线拟合

资料来源：作者根据 Matlab2010 软件计算而得。

二、实证模型

根据图 6 - 2 的曲线拟合结果，本章借鉴卡内和汉森（Caner & Hansen，2004）建立门限面板回归模型的思路，以财政分权作为门限变量，实证检验中国财政分权与公共资本投入效率间的关系。我们首先以双门限为例构建一个门限面板回归模型，门限个数的最终确定将通过门限检验予以判断。因此，门限面板回归模型可表示为：

$$EFF_{it} = \alpha_0 + \beta_1 FD_{it}(FD_{it} < \omega_1) + \beta_2 FD_{it}(\omega_1 \leqslant FD_{it} \leqslant \omega_2) + \beta_3 FD_{it}(FD_{it} > \omega_2) + \gamma(Z_{it}) + \mu_i + \varepsilon_{it} \tag{6.16}$$

其中，EFF_{it}表示公共资本投入效率，FD_{it}表示财政分权水平，ω_1 和 ω_2 分别表示门限变量财政分权的两个门限值且满足 $\omega_1 < \omega_2$，α_0 为截距项，β 为被估计参数，$i(i = 1, 2, \cdots, N)$代表地区，$t(t = 1, 2, \cdots, T)$代表时间；Z_{it}是模型中一系列控制变量，$\gamma = [\gamma_1, \gamma_2, \cdots, \gamma_5]$，$Z_{it} = [PGDP_{it}, OPEN_{it}, FDI_{it}, GS_{it}, EDU_{it}]^T$。需要指出的是，我国地域辽阔，各省份地理环境、资源禀赋存在较大差异，这些难以准确度量的地区异质性因素可能会对公共资本投入效率产生不同程度的影响。为此，我们引入个体效应和时间效应来捕捉地区异质性因素的影响，μ_i 表示个体固定效应，ε_{it} 表示随机误差项。

三、变量选取与数据说明

为了考察中国财政分权对地方公共资本投入效率的影响，我们需要财政分权 FD 与公共资本投入效率 EFF 两个变量的各省份年度数据。第五章已对中国省际公共资本投入效率进行了详细测度，此处不再赘述。但是，由于第五章测算的公共资本投入效率是以环比形式表示的相对增长率，为便于计量分析，我们以基于 1985 年的公共资本投入效率累积增长数作为此处的被解释变量 EFF。至于财政分权，它是一个多维度的问题，单一指标并不能全面度量财政分权，但正如马丁内斯和麦克纳布（Martinez & Mcnab，2003）、张晏和龚六堂（2005）所指出的那样，信息的缺乏导致我们不得不以简单的收支份额度量财政分权。现有研究对财政分权水平的度量指标并未达成统一意见，一般从收入分权和支出分权两方面着手。徐永胜和乔宝云（2012）通过建立理论框架系统分析了财政体制中财政分权度的衡量问题，研究表明，选取衡量方法对于中国财政分权影响的实证研究十分重要，使用不同指标衡量财政分权，研究结果所发现的财政分权的经济影响可能是不同甚至是相反的。例如，郭庆旺和贾俊雪（2010）发现以支出比重衡量的分权会导致县级地方政府支出规模显著增加，但以收入比重衡量的分权则相反。又如贾俊雪等（2011）发现地方政府规模因财政支出分权水平的提升而扩张进而加剧地方财政困难，但财政收入分权水平的提升会通过提高县级政府的财政自给能力进而有利于化解地方财政困难。上述实证研究的重要启示是，在分析中国背景下的财政分权对一些经济活动的影响时，应该谨慎选择财政分权度的衡量方法，作为稳健的检验，需要采用一组方法来衡量其影响。因此，为了提高本章实证检验的稳健性，在已有研究基础上，我们选择各省份预算内财政收入占全国、中央预算财政收入之比以及各省份预算内财政支出占全国、中央预算财政支出之比四个指标分别对财政分权度进行衡量，并分别表示为 *FD*1、*FD*2、*FD*3 和 *FD*4，以期从收入分权和支出分权两个维度探讨财政分权对公共资本投入效率的影响。

在借鉴相关研究的基础上，本章主要选择以下五个控制变量：①经济发展水平（*PGDP*），采用各省份以 1985 年为基期的人均 GDP 表示；②对外开放度（*OPEN*），选用各省份进出口总额占当地 GDP 的比重来衡量；③外商直接投资（*FDI*），以各省份外商直接投资额占当地 GDP 的比重来表示；④政府规模（*GS*），采用各省份政府消费支出占当地 GDP 的比重衡量；⑤受教育水平（*EDU*），借鉴陈诗一和张军（2008）的做法，选用各省份普通高等学校在校学生数占当地总人口的比重来衡量。在上述变量中，除经济发展水平 *PGDP* 外，其他变量均为比值，因此我们参照傅勇（2010）的做法，在模型中对经济发展水平 *PGDP* 进行对数处理。

本章以 1994 ~2014 年中国 31 个省（自治区、直辖市）的面板数据作为实证模型的样本数据，因资料限制，研究对象不包括我国香港、澳门和台湾地区。相关基础数据来自历年《中国统计年鉴》《中国财政年鉴》以及各省份统计年鉴。之所以选择 1994 年作为实证研究的起始年份，第四章已作详细说明，此处不再赘述。各变量的统计描述如表 6 -1 所示。

表 6－1　　　　各变量的统计描述

变量	单位	最大值	最小值	平均值	标准差
EFF		19.510	1.103	4.304	3.286
*FD*1	%	7.082	0.027	1.563	1.298
*FD*2	%	13.521	0.049	3.052	2.546
*FD*3	%	7.844	0.335	2.425	1.372
*FD*4	%	41.086	1.086	10.826	7.388
PGDP	元/人	12866.721	796.639	2826.381	2100.751
OPEN	%	217.336	3.207	30.447	38.963
FDI	%	24.254	0.001	3.150	3.328
GS	%	49.819	7.289	14.812	5.295
EDU	人/万人	356.482	9.349	106.497	78.432

资料来源：由作者计算而得。

第四节　实证结果与分析

一、门限检验

我们以财政分权为门限变量，利用 Stata12.1 对回归模型式（6.16）进行了门限效应检验，检验结果如表 6－2 所示。

表 6－2　　　　门限估计值及门限效应检验

门限变量		单一门限	双重门限	三重门限
*FD*1	门限估计值	0.786	5.153 1.455	1.746
	95%置信区间	[0.742，1.789]	[5.153，5.153] [0.528，1.703]	[1.612，4.274]
	F 值	27.837 *	55.253	0.000
	P 值	0.053	0.105	0.133
	BS 次数	150	180	300

续表

门限变量		单一门限	双重门限	三重门限
*FD*2	门限估计值	1.614	0.107 1.614	3.194
	95%置信区间	[1.370，11.567]	[0.076，11.567] [1.418，11.567]	[0.361，3.813]
	F 值	19.530 *	17.056	9.179
	P 值	0.087	0.156	0.109
	BS 次数	150	180	300
*FD*3	门限估计值	6.426	1.623 5.866	2.475
	95%置信区间	[6.347，6.800]	[1.617，5.681] [5.582，5.866]	[2.330，2.615]
	F 值	69.511	93.381 ***	0.000
	P 值	0.107	0.000	0.153
	BS 次数	150	180	300
*FD*4	门限估计值	17.903	22.319 17.903	20.656
	95%置信区间	[7.146，18.008]	[21.861，23.759] [5.290，18.350]	[19.467，21.540]
	F 值	84.163	28.605 **	0.000
	P 值	0.104	0.011	0.140
	BS 次数	150	180	300

资料来源：作者根据 Stata 软件计算而得。

当以 *FD*1 为门限变量时，在 10% 显著性水平下接受存在单一门限的原假设，因此，我们认为此时模型有且仅有 1 个门限值：$\omega=0.786$；当以 *FD*2 为门限变量时，在 10% 显著性水平下接受存在单一门限的原假设，则此时模型同样有且仅有 1 个门限值：$\omega=1.614$；当以 *FD*3 为门限变量时，在 1% 显著性水平下接受存在双重门限的原假设，因此，我们认为此时模型有 2 个门限值：$\omega_1=1.623$，$\omega_2=5.866$；当以 *FD*4 为门限变量时，在 5% 显著性水平下接受存在双重门限的原假设，因此此时模型有 2 个门限值：$\omega_1=17.903$，$\omega_2=22.319$。

二、实证分析

在得到各门限变量的门限估计值的基础上，我们利用 Stata 12.1 对式

（6.16）进行实证检验。为了避免异方差、同期相关和序列相关导致估计结果有偏，此处我们采用可行广义最小二乘法（FGLS）对式（6.16）进行估计。

表6-3报告了回归模型的计量结果。模型（1）至模型（4）分别检验了财政分权 *FD*1、*FD*2、*FD*3 和 *FD*4 对公共资本投入效率的影响。实证结果显示，无论采用财政收入分权还是财政支出分权指标，财政分权与公共资本投入效率增长均呈显著正相关关系。究其原因，我们认为，首先，分税制改革的实施使得不同层级政府之间财权和事权得到了稳定划分，与中央政府相比，地方政府在资源配置和了解本地居民需求偏好方面更具有信息优势（Tiebout，1956；Oates，1972；Rowland，2001；贾俊雪等，2006），能通过有限的财政资源提供适合本地需求的公共品，因此中央向地方政府转移公共资本投资事权有利于提高公共资本投入效率。其次，分税制改革实施以来，财政收入有逐渐向中央政府集中的态势，由于财政收入受到中央政府宏观调控政策的影响，地方政府必须对财政支出结构做出调整以满足各地区对公共产品和公共服务的需求（余可，2008）。再次，更为重要的是，分税制改革实施以后，虽然多级政府间的权责得到明确界定，但以经济建设为中心的全局发展模式演变成事实上的以经济绩效为主体的地方考核体系。受到任期以及任期目标的约束，地方政府必然选择能够短期提振当地经济绩效的路径（郭杰和李涛，2009），由此产生了以公共资本投入为核心的经济增长模式，从而带动了公共资本投入效率的提升。吉恩等（Jin et al.，1999）研究证明，中国各省份财政激励与经济绩效以及制度变迁之间均存在显著的正相关关系，即财政分权程度越高，地方政府追求财政收入增长的积极性越高，地方经济发展绩效就越好，地方的制度变迁也越迅速。

表6-3　　中国财政分权对公共资本投入效率影响的估计结果

变量	模型（1）	模型（2）	模型（3）	模型（4）
*FD*1	0.0681 （0.0463） 0.4651*** （0.0262）	—	—	—
*FD*2	—	0.2938*** （0.0161） 0.3241*** （0.0115）	—	—

续表

变量	模型（1）	模型（2）	模型（3）	模型（4）
*FD*3	—	—	0.1089*** (0.0177) 0.1593*** (0.0088) 0.1250*** (0.0058)	—
*FD*4	—	—	—	0.1059*** (0.0046) 0.0994*** (0.0043) 0.0943*** (0.0040)
PGDP	-0.5840*** (0.1186)	-1.0970*** (0.1195)	-0.6669*** (0.1082)	-1.5836*** (0.1338)
OPEN	0.0013* (0.0007)	0.0029*** (0.0008)	0.0007 (0.0005)	0.0002 (0.0009)
FDI	0.0170*** (0.0032)	0.0194*** (0.0036)	0.0434*** (0.0024)	0.0011 (0.0063)
GS	-0.0340*** (0.0023)	-0.0352*** (0.0021)	-0.0345*** (0.0020)	-0.0252*** (0.0020)
EDU	0.0053*** (0.0004)	0.0068*** (0.0005)	0.0068*** (0.0006)	0.0075*** (0.0008)
时间效应	0.2407*** (0.0063)	0.2536*** (0.0079)	0.2311*** (0.0066)	0.2438*** (0.0077)
Wald	26477.56***	46916.58***	181403.55**	44059.80***
OBS	651	651	651	651

注：***、**、*分别表示1%、5%、10%的置信水平，括号内数值为稳健性标准差。
资料来源：作者根据Stata软件计算而得。

具体来看，模型（1）显示，财政分权*FD*1对地方公共资本投入效率的增长具有显著的正向影响，同时还呈现出明显的非对称性特征。其中，在第一区域内，即财政分权水平*FD*1低于0.786%时，*FD*1每提高1%，公共资本投入效率增长平均提高0.0681%；当进入第二区域后，即财政分权水平*FD*1高于0.786%时，*FD*1每提高1%，公共资本投入效率增长平均提高0.4651%，明显高于第一区域的激励作用。同样，模型（2）显示，财政分权*FD*2对地方公共资本投入效率增长具有显著的正向影响和非对称性特征。

其中，在第一区域内，即财政分权水平 *FD*2 低于 1.614% 时，*FD*2 每提高 1%，公共资本投入效率增长平均提高 0.2938%；当进入第二区域后，即财政分权水平 *FD*2 高于 1.614% 时，*FD*2 每提高 1%，公共资本投入效率增长平均提高 0.3241%，高于第一区域的激励作用。可见，当以收入分权作为财政分权指标时，财政收入分权有利于公共资本投入效率的提升，且随着财政收入分权水平的不断提高，其对公共资本投入效率的激励作用会进一步提升。由此说明，目前，中国财政收入分权还未达到最优分权水平。

模型（3）显示，财政分权 *FD*3 对地方公共资本投入效率具有显著的正向影响，但激励作用先增后减。其中，在第一区域内，即财政分权水平 *FD*3 低于 1.623% 时，*FD*3 每提高 1%，公共资本投入效率增长平均提高 0.1089%；当进入第二区域时，即财政分权水平 *FD*3 高于 1.623% 且低于 5.866% 时，*FD*3 每提高 1%，公共资本投入效率增长平均提高 0.1593%，比第一区域有所提高；当进入第三区域时，即财政分权水平 *FD*3 高于 5.866% 时，*FD*3 每提高 1%，公共资本投入效率增长平均提高 0.1250%，比第二区域有所下降。同样，模型（4）显示，财政分权 *FD*4 对地方公共资本投入效率具有显著的正向影响，但激励作用不断下降。其中，在第一区域内，即财政分权水平 *FD*4 低于 17.903% 时，*FD*4 每提高 1%，公共资本投入效率增长平均提高 0.1059%；当进入第二区域时，即财政分权水平 *FD*4 高于 17.903% 且低于 22.319% 时，*FD*4 每提高 1%，公共资本投入效率增长平均提高 0.0994%，比第一区域有所下降；当进入第三区域时，即财政分权水平 *FD*4 高于 22.319% 时，*FD*4 每提高 1%，公共资本投入效率增长平均提高 0.0943%，激励作用低于前两个区域。可见，当以支出分权作为财政分权指标时，财政支出分权有利于公共资本投入效率的提升，但随着财政支出分权水平的不断提高，其对公共资本投入效率的激励作用会呈现下降趋势。由此说明，目前，中国财政支出分权同样还未达到最优分权水平，但财政支出分权对公共资本投入效率的正效应已然随着支出分权水平的提高而边际递减。

因此，无论是从收入分权角度看，还是从支出分权角度看，中国财政分权对公共资本投入效率的增长效应都是正的，并没有达到最优分权水平。从这一角度来看，中国的分权并没有过度，进一步合理的分权可能更有利于经济发展，这一结论与周业安和章泉（2008）、储德银等（2018）较为一致。因此，新一轮财税体制改革应将提高分权水平和赋予地方政府更大的财政自主权作为中央与地方政府间财政关系重构的指导方向。

除了与财政分权有关的结论外，我们还得到其他解释公共资本投入效率增长的有益补充。模型（1）至模型（4）中，人均 GDP 对公共资本投入效率的影响显著为负，说明地方经济发展水平的提高不一定对公共资本投入效率有促进作用。长江中游、西南和黄河中游的公共资本规模远不及沿海地区，但公共资本投入效率累积增长速度却快于沿海地区是对这一结论的另一佐证。正如格拉姆利克（Gramlich，1994）所言，政府在进行基础设施投资时，效率并不是唯一的考虑因素，还有公平和政治等多方面的考量。以进出口总额占比衡量的开放度与公共资本投入效率在模型（1）和模型（2）中呈显著正相关，而在模型（3）和模型（4）中并不显著。因此，开放水平是否有助于公共资本投入效率增长还有待进一步考证。除模型（4）中的被估计参数不显著外，外商直接投资对公共资本投入效率均呈正向作用，这说明，外商直接投资额占比的增加不仅给当地经济发展带来了资金投入和先进技术，也促使地方政府加大力度完善公共基础设施建设。以政府消费支出占比作为衡量指标的政府规模显然不利于公共资本投入效率的增长，一般而言，政府规模过大对经济增长有诸多方面的损害（Kwan & Sahni，1989；Mitchell，2005），其中最明显的就是会造成资源配置扭曲和效率损失。中国行政编制的设置缺乏弹性，地方政府规模并不能很好地对居民支付能力和经济发展水平做出相应的调整（Zhang，2006），并且，膨胀过快的政府消费支出以及行政管理费对发展水平不同的地区会造成不同的财政负担，从而对公共品的供给产生了显著的负面影响（傅勇，2010）。受教育水平对公共资本投入效率的影响显著为正，从而说明地区受教育水平越高，给地方政府施加的监督压力也越大、越有效，因此公共资本投入效率也越高。凯文等（Kevin et al.，2004）研究认为，教育的一个潜在正外部性就是增加了受教育者的政治行动力，因此教育能够提高当地居民选择能干官员以及识别官员腐败的能力。

由于我国幅员辽阔，各区域间财政分权水平、公共资本投入效率差异明显，因此我们试图针对中国东部、中部、西部三大经济区域分别进行回归，以期探索财政分权因素对各地区公共资本投入效率的影响是否存在区域差异。表 6－4 报告了分区域回归模型的计量结果。由于分区域回归模型中经济发展水平、对外开放度、外商直接投资、政府规模、受教育水平等控制变量对公共资本投入效率增长的回归结果与表 6－3 中较为一致，此处不再赘述，仅报告了财政分权 *FD*1、*FD*2、*FD*3 和 *FD*4 对东部、中部、西部地区公共资本投入效率的影响差异。

表 6 - 4　　中国财政分权对公共资本投入效率影响的分区域估计结果

解释变量	东部	中部	西部
*FD*1	0. 1328 *** (0. 0326)	1. 4778 *** (0. 2259)	1. 3025 *** (0. 1204)
时间效应	0. 2652 *** (0. 0066)	0. 4636 *** (0. 0391)	0. 1321 *** (0. 0124)
Wald	6029. 03 ***	893. 52 ***	2919. 07 ***
OBS	231	168	252
*FD*2	0. 0481 *** (0. 0143)	0. 6004 *** (0. 1074)	0. 4986 *** (0. 0582)
时间效应	0. 2650 *** (0. 0078)	0. 4370 *** (0. 0416)	0. 1180 *** (0. 0127)
Wald	3470. 21 ***	821. 87 ***	1622. 66 ***
OBS	231	168	252
*FD*3	0. 0592 ** (0. 0306)	0. 7895 *** (0. 1707)	0. 0404 (0. 0526)
时间效应	0. 2460 *** (0. 0069)	0. 4427 *** (0. 0339)	0. 1120 *** (0. 0122)
Wald	7681. 60 ***	1537. 28 ***	3352. 68 ***
OBS	231	168	252
*FD*4	0. 0410 *** (0. 0066)	0. 2085 *** (0. 0189)	0. 1232 *** (0. 0132)
时间效应	0. 3115 *** (0. 0126)	0. 3641 *** (0. 0282)	0. 1863 *** (0. 0155)
Wald	2963. 66 ***	5434. 91 ***	4453. 87 ***
OBS	231	168	252

注：*** 、** 、* 分别表示 1% 、5% 、10% 的置信水平，括号内数值为稳健性标准差。
资料来源：作者根据 Stata 软件计算而得。

表 6 - 4 显示，除了西部地区以 *FD*3 作为解释变量时的回归系数不显著外，其他回归系数均通过了显著性检验，进一步验证了财政分权有效促进了公共资本投入效率的增长。可以看到，无论采用财政收入分权指标还是财政支出分权指标，中部地区的财政分权对公共资本投入效率的促进作用最为显著，在以 *FD*1、*FD*2、*FD*3 和 *FD*4 做解释变量时的回归系数分别为 1. 4778、0. 6004、0. 7895 和 0. 2085；其次为西部地区，*FD*1、*FD*2、*FD*3 和 *FD*4 的回归系数分别为 1. 3025、0. 4986、0. 0404（不显著）和 0. 1232；而东部地区的促进作用最小，*FD*1、*FD*2、*FD*3 和 *FD*4 的回归系数分别为 0. 1328、0. 0481、0. 0592 和 0. 0410。

而关于财政分权度，图 6 - 3 显示，无论采用财政收入分权指标还是财

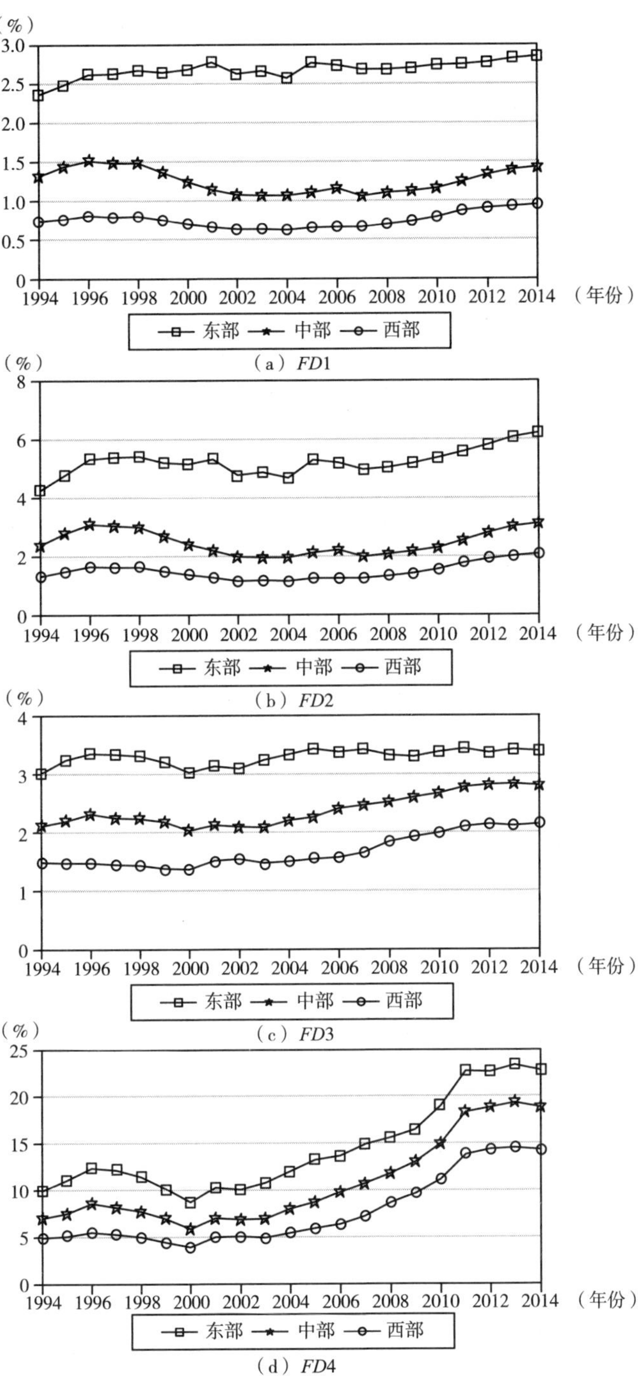

图 6-3　中国各区域财政分权度趋势

资料来源：由作者计算而得。

政支出分权指标，东部地区的财政分权度最高，其次为中部地区，西部地区财政分权度最小。传统经济理论认为，经济发展水平和财政收入之间是根深叶茂的关系，即经济发展水平越高的地区，其税基就会越大，税源越充足，地方政府就会获得相对更多的财政收入，进而该地区的政府收入自治率和政府支出自决率就会较高，分权的真实水平就会相对较高。反之，分权后地方政府一方面具有更高的效率以及更好地执行公共政策的积极性，可以针对辖区居民的异质性偏好更加有针对性地提供公共产品，从而在财政分权与经济发展之间形成相互促进的良性互动。而与之相对，经济发展相对落后的地区就会陷入穷者愈穷的恶性循环怪圈（储德银等，2018）。

综合而论，中国财政分权与公共资本投入效率差异之间的关系存在显著的地区差异，我国财政分权水平对公共资本投入效率增长的促进作用并不与财政分权度呈正比，中部地区的财政分权优势高于西部和东部地区，因此分税制改革后我国财政分权水平有利于缩小地区间差距。

第五节 本章小结

本章通过借鉴斯特盖瑞斯科（Stegarescu，2009）、利贝拉蒂和萨拉（Liberati & Sciala，2011）、亚当等（Adam et al.，2014）的研究，从理论层面搭建财政分权与公共资本投入效率间关系的理论框架，然后建立面板门限回归模型，从财政收入分权和财政支出分权两个维度出发，基于1994～2014年中国31个省级面板数据实证考察中国财政分权体制以及经济发展水平、对外开放度、外商直接投资、政府规模、受教育水平对地方公共资本投入效率增长的影响。研究结果表明：（1）公共资本投入效率与财政分权之间存在倒“U”形的非线性关系，当财政分权小于最优分权时，增加分权有利于提高公共资本投入效率；当财政分权大于最优分权时，财政分权水平的提高会对公共资本投入效率产生负面影响；当财政分权水平等于最优分权时，公共资本投入效率最高。（2）无论采用财政收入分权还是财政支出分权指标，财政分权与公共资本投入效率增长均呈显著正相关关系，财政收入分权和财政支出分权均未达到最优分权水平。（3）当以收入分权作为财政分权指标时，财政收入分权有利于公共资本投入效率的提升，且随着财政收入分权水平的不断提高，其对公共资本投入效率的激励作用会进一步提升。（4）当以支出分权作为财政分权指标时，财政支出分权有利于公共资本投入效率的提升，但随着财政支出分权水平的不断提高，其对公共资本投入效率的激励作用呈现下降趋势，财政支出分权对公共资本投入效率的正效应已然随着支出分权水平的提高而边际递减。(5) 人均 GDP 对公共资本投入效率的影响显著为负，地方经济发展水平的提高不一定对公共资本投入效率有促进作用，以进出口总额占比衡量的开放度是否有助于公共资本投入效率增长还有待进一步考证，外商直接投资对公共资本投入效率呈正向作用，以政府消费支出占比衡量的政府规模显然不利于公共资本投入效率的增长，受教育水平对公共资本投入效率的影响显著为正。(6) 无论采用财政收入分权指标还是财政支出分权指标，中部地区的财政分权对公共资本投入效率的促进作用最为显著，之后为西部地区，而东部地区的促进作用最小，中国财政分权与公共资本投入效率之间的关系存在显著的地区差异，财政分权水平对公共资本投入效率增长的促进作用并不与财政分权度呈正比。

本章经验分析所蕴含的启示是，在我国全面深化改革的新时期，由于我国资本市场发育水平较低，市场化筹资能力有限，中国在向市场经济转轨过程中地方财政仍然需要承担较多的支出责任。因此，我们需从收入分权和支出分权两个维度进一步提高财政分权水平，以通过提升地方政府财政自主权为载体，不断释放分权体制改革对地方政府的激励效应。同时，进一步完善财政分权体制机制，健全中央和地方财力与事权相匹配的财税机制，完善促进基本公共服务均等化和主体功能区建设的公共财政体系，构建地方税体系，形成有利于结构优化、社会公平的税收制度，从而有效提升地方政府公共资本投入效率水平。另外，政府组织结构改革应与财政分权化改革统筹规划、协调推进，促使地方政府提高投资效率，避免政府消费规模的过度膨胀，改变目前公共投资过程中重“前评估”而轻“后评价”的制度缺陷，建立有效的公共投资项目后评价机制，解决地方政府公共投资的随意性和盲目性。最后，加快探索建立适合中国国情的公共投资项目全过程评估的方法与体系，完善公共投资项目评估的法律和规章制度，构造灵敏高效的公共投资监督机制以及相应的纠偏纠错机制。

第七章 分权视角下中国公共资本投入运行机制构建

前述研究表明，财政分权是促进中国公共资本投入效率提升的重要因素之一。不少学者从分权视角对中国的增长奇迹给出了有说服力的解释，但与骄人的增长绩效相比，中国在公共领域的表现远不能令人满意（傅勇，2010）。显而易见，中国目前的财政分权制度仍存在诸多问题，如政府的偏向性投资、基础设施的重复建设、政府官员的寻租性腐败，等等。有鉴于此，在构建公共资本投入运行机制时，必然要求我们重点关注财政分权制度。在财政分权能够促进公共资本投入效率提升的经验支撑下，应仔细考量保证其得以成立的种种条件。因此，本章试图基于财政分权视角，构建基于效率改进的公共资本投入运行机制。

第一节 引 言

从分权文献的源头来看，分权的合理性在于能够提升公共产品的供给效率。例如，哈耶克（Hayek，1945）强调了地方政府获取地方性信息的优势。蒂布特（Tiebout，1956）证明，居民流动的“用脚投票”机制能够保证公共产品和居民偏好更好地匹配，同时分权下的地方竞争也能激励地方政府提高公共产品的供给效率。蒂布特之后的主流公共经济学坚持了分权能够促进公共产品供给的结论。但近年来，学者们越来越关注分权的负面效应（Keen et al.，1996；Triesman，2000；Bardhan，2002；Bucovetsky，2005；Cai et al.，2005），以反思发展中国家并不能令人满意的分权实践。

中国经济近30多年来的高速增长，财政体制的诱致性变迁发挥了重要作用，尤其是财政分权体制赋予地方政府的“剩余索取权”以及地方官员的

“晋升锦标竞赛”，极大地调动了地方发展经济的积极性，迅速改善了中国公共基础设施的落后面貌（付文林和沈坤荣，2012）。但是，在中国式分权背景下，与经济的迅猛发展相比较，中国的公共资本投入仍存在诸多问题。

首先，财政分权促使地方政府偏向性投资。在中国的分权体制下，地方政府对不同的公共产品供给有着不同的兴趣（傅勇，2008）。中国良好的基础设施被认为是分权体制下“为增长而竞争”的结果（张军等，2007），但与电力、运输、通信等基础设施不同，地方政府的某些公用设施，如城市绿地和供水供燃气，虽然也是基础设施的重要组成部分，但由于它们主要是服务于当地居民而不是招商引资，地方政府缺少为此竞争的动力，因而可能面临困境（傅勇，2010）。王小龙（2004）从激励和机制设计的角度，探讨了中国财政分权模式下地方政府治理结构的激励不相容性。平新乔和白洁（2006）同样指出，财政分权扭曲了中国地方政府的公共支出结构。张恒龙和康艺凡（2007）则发现，在中国现有财政分权框架下，官员的委任制和政绩考核机制将导致地方政府的无序竞争和地方财政支出结构的扭曲。事实上，1994 年分税制改革以来，中国地方政府公共支出结构的确发生了较为明显的变化（龚锋和卢洪友，2009）。傅勇和张晏（2007）的研究进一步证实，财政分权激励中国地方政府提高了基本建设支出的比重，同时降低了文化、教育、卫生等民生性公共服务的供给。丁菊红和邓可斌（2008）认为，高速公路等基础建设类的准公共品作为正外部性较强的硬公共品，不仅有利于吸引外地投资，还能提升地方政府政绩，所以地方政府相对中央政府而言更加偏好；而基础教育类的准公共品则属于外溢性较差的软公共品，虽然长期来看对整体经济很有裨益，但短期则对地方经济发展效果不明显，因此相对中央政府而言，地方政府对此类公共品的偏好不强。龚锋和卢洪友（2009）指出，随着政府公共资源配置权力的扩大，地方政府具有不顾居民实际需求偏好而膨胀行政成本和扩张基建支出的双重倾向。陈硕（2010）研究认为，1994 年后地方公共服务水平恶化的原因是地方政府支出结构变化导致公共服务财政支出不足，在保证自身运转的前提下，地方政府将有限的资源优先投入到基础设施建设，以此来吸引外来投资，推动任内经济增长。陈志勇和陈思霞（2014）研究表明，较差的制度环境更容易诱导地方政府公共支出结构的偏向性配置，从而加剧其在建设性领域中的投资冲动。吴延兵（2017）认为，在垂直集中的官员治理模式下，中央政府因信息所限，难以有效约束地方官员“重生产，轻创新”的自利性投资偏好。

其次，财政分权引致地方政府财权事权不匹配。公共资本投资的主体大致可分为两类，即中央政府和地方政府。根据中国行政性分权实践，公共品主要由地方政府提供（李永友和张子楠，2017）。中国的分税制改革更多呈现了再集权化的趋势，极大弱化了地方政府的财政激励，改变了其最优行为选择，成为地方政府过度负债的重要诱因（周雪光，2005）。贾俊雪等（2006）研究发现，中央与地方政府间公共资本投资事权的划分欠妥，资本性支出分权水平明显过高。李永友和张子楠（2017）也指出，地方政府公共资本投资激励不足和公共资本投入相对短缺与分权设计有很大关系，1994年的分税制改革产生了较为显著的收入集权倾向，中央政府强化了收入能力和地方事务地方政府负责制，使地方政府支出责任与财力不匹配。中央政府与地方政府间投资责权不明，财政分配与投资事权划分不协调，导致在实际操作中政府投资格局的“错位”，相互扯皮、推诿、管理混乱的现象接连出现，严重影响和制约了我国公共投资的有效实施（卢晶，2019）。

综上，虽然我们获取了财政分权能够促进公共资本投入效率提升的经验支撑，但仍然不能忽视其给公共资本投入带来的负面效应。事实上，中国目前的财政体制与理想的蒂布特模型相去甚远：其一，中国流动人口规模虽然庞大，但由于教育、医疗等重要公共产品皆系于户籍，“用脚投票”机制难以有效制约地方政府行为（傅勇等，2007）；其二，在现行考核体制下，经济增长、税收、基础设施等硬性指标是最主要的“指挥棒”，地方政府没有对居民非经济性公共产品需求做出回应的激励；其三，由于受财权和事权的不匹配以及财力所限，一些地区无力供给公共产品。因此，我们有必要在理清中国财税体制的基础上，基于财政分权的现实境况来构建中国公共资本投入运行机制。

第二节　中国财税体制改革历程

一、1994～1998年：分税制改革

随着1992年10月中国共产党第十四次全国代表大会正式确立社会主义市场经济体制的改革目标，1993年11月召开的中共十四届三中全会通过了《中共中央关于建立社会主义市场经济体制若干问题的决定》。于是，以建立适应

社会主义市场经济的财税体制为着眼点，从1994年起，财税体制改革踏上了制度创新之路（项怀诚，1994）。在根据中央和地方事权合理确定各级财政支出范围的基础上，按照税种统一划分中央税、地方税和中央地方共享税，建立中央税收和地方税收体系，分设中央税务机构和地方税务机构，实行中央对地方税收返还和转移支付制度，初步建立了分税制财政管理体制基本框架。

可以说，1994年的财税体制改革，为我们初步搭建起了适应社会主义市场经济体制的财税体制及其运行机制的基本框架。

二、1998～2003年：构建公共财政体制框架

随着1994年财税体制改革成果的逐步释放，蕴含在游离于体制之外的政府收支和财政支出一翼的各种矛盾，便日益充分地显露出来并演化为困扰国民收入分配和政府收支运行过程的“瓶颈”。于是，以规范政府收支行为及其机制为主旨的“税费改革”以及财政支出管理制度的改革，先后进入财税体制改革的重心地带，并由此将改革带上了财税体制整体框架的重新构造之路——构建公共财政体制框架。

在“税费改革”日渐深入并逐步取得成效的同时，财政支出一翼的改革也在紧锣密鼓地进行中。先后进入改革视野的有：财政支出结构由专注于生产建设领域逐步扩展至整个公共服务领域的优化调整；推行以规范预算编制和分类方法、全面反映政府收支状况为主要着眼点的“部门预算制度”；实行由财政（国库）部门集中收纳包括预算内外收入在内的所有政府性收入，且由国库单一账户集中支付政府部门所有财政性支出的“国库集中收付制度”；推进将政府部门的各项直接支出逐步纳入向社会公开竞价购买轨道的“政府采购制度”。

然而，无论是财政支出一翼的调整，还是以“税费改革”为代表的财政收入一翼的变动，所涉及的只是财税体制及其运行机制的局部而非全局。于是，将包括收入、支出、管理以及体制在内的所有财税改革事项融入一个整体的框架之中，并且作为一个系统工程加以推进，便被提上了议事日程。

三、2003～2012年：进一步完善公共财政体制

2003年10月，中共十六届三中全会通过了《中共中央关于完善社会主

义市场经济体制若干问题的决定》，根据公共财政体制框架已经初步建立的判断，做出了进一步健全和完善公共财政体制的战略部署。以此为契机，旨在进一步完善公共财政体制的一系列操作不断展开。例如，在取消农业税并打破了原有农村公共服务供给体系的同时，公共财政开始了逐步覆盖农村的进程；财政支出越来越向以教育、就业、医疗、社会保障和住房为代表的基本民生事项倾斜；围绕推进地区间基本公共服务均等化，加大了财政转移支付的力度并相应调整了转移支付制度体系；以实行全口径预算管理和政府收支分类改革为入手处，强化了预算监督管理，进一步推进了政府收支行为及其机制的规范化，等等。

四、2012 年至今：建立现代财政制度

2013 年 11 月，中共十八届三中全会通过了《中共中央关于全面深化改革若干重大问题的决定》。立足于全面深化改革的宏观棋局，以建立现代财政制度为目标，新一轮财税体制改革由此展开（楼继伟，2014）。

就中央和地方财政关系改革而言，有别于以往围绕中央或地方财力增减而定改革方案的做法，新一轮中央和地方财政关系改革的目标，被锁定于“发挥中央和地方两个积极性”，构建现代中央和地方财政关系新格局。以发挥“两个积极性”而非“一个积极性”为目标做出的部署是：“建立事权和支出责任相适应的制度。适度加强中央事权和支出责任，国防、外交、国家安全、关系全国统一市场规则和管理等作为中央事权；部分社会保障、跨区域重大项目建设维护等作为中央和地方共同事权，逐步理顺事权关系；区域性公共服务作为地方事权。中央和地方按照事权划分相应承担和分担支出责任。中央可通过安排转移支付将部分事权支出责任委托地方承担。对于跨区域且对其他地区影响较大的公共服务，中央通过转移支付承担一部分地方事权支出责任。保持现有中央和地方财力格局总体稳定，结合税制改革，考虑税种属性，进一步理顺中央和地方收入划分”。

事实上，自 2013 年 11 月以来，中央和地方财政关系领域已取得了阶段性的改革成果。例如，以全面实施营改增为契机，2016 年 4 月底，公布了《全面推开营改增试点后调整中央与地方增值税收入划分过渡方案》。作为未来 2 ~ 3 年的过渡方案，以 2014 年为基数，采取增值税增量五五分成的方式重新划分中央和地方收入。2016 年 8 月，国务院又发布了《关于推进中央与

地方财政事权和支出责任划分改革的指导意见》，指出当前体制存在中央与地方的职能错配、共同事权过多、事权和支出责任划分不规范三大问题，列出了财政事权改革的主要原则、任务和时间表，并对省以下财政事权划分提出了总体要求。根据这一指导意见，到2020年，要基本完成主要领域改革，并逐步规范化、法律化，形成中央与地方财政事权和支出责任划分的清晰框架。2018年1月27日，国务院发布了《基本公共服务领域中央与地方共同财政事权和支出责任划分改革方案》，同年8月印发《医疗卫生领域中央与地方财政事权和支出责任划分改革方案》。由基本公共服务领域中的中央和地方共同事权破题，制定基本公共服务国家保障标准，规范中央和地方支出责任分担方式，从而建立起权责清晰、财力协调、区域均衡的中央和地方财政关系。

毋庸置疑，中央和地方之间的关系是现代国家治理领域最重要的关系链条之一，中央和地方之间的财政关系又属于其中最具基础性和支撑性意义的要素，亦最具“牛鼻子”效应。围绕它的改革，不仅事关党和国家事业发展全局，而且牵动整个财税体制改革进程。鉴于中央和地方财政关系的复杂性以及改革难度重重，可以预期，中央和地方财政关系的改革，仍将成为下一步财税体制改革的重头戏。

第三节　中国公共资本投入模式研究

一、以地方政府为主导

政府在提供地方性公共产品时，理论上可以有三种投入模式：一是由中央政府单独投入；二是由地方政府单独投入；三是由地方政府投入为主，中央政府参与投入。

事实上，由地方政府单独投入公共产品不能总是实现其有效供给。对外部效应不明显的典型的公共产品，地方政府应根据本地情况提供不同水平和组合的公共产品以满足本地区居民的实际需求，如此公共资本的投入才更具效率。但对于具有外部效应的公共产品，地方政府可能会对其投入产生错误判断，形成投入过度或不足的现象：对于具有正外部效应的公共产品，由于其受益范围超出了辖区而不能得到补偿，造成投入不足；对于具有负外部效应的公共产品，由于其投入成本超出了辖区而不用负担，从而造成投入过度。同时，从社会公平的角度看，政府应该使全体居民对公共产品享有大致相同的效用水平。但由于各地区经济发展水平的差异，其财政能力高低不同，由地方政府单独投入公共产品会使不同地区居民无法享受均等的公共服务，从而不利于社会公平和稳定。

由此可见，对于地方性公共产品，中央政府或地方政府都难以单独实现其有效投入。理想的模式应该是以地方政府为主导、中央政府参与为辅。地方政府负责投入一般地方性公共产品，中央政府负责对具有外部效应的地方性公共产品进行投入。对于具有正外部效应的地方性公共产品的溢出可采用相邻地方政府联合投入的模式进行内部调整，对于具有负外部效应的地方性公共产品进行限制。

另外，在财政分权制度下应注重不同层级政府的支出效率，确定集权与分权合理水平。尤其在利用财政政策调节宏观经济运行的过程中，应区分中央财政政策和地方财政政策两大类型，综合利用中央和地方两级财政支出政策的配合与协调，改变以往以中央调控为主的现状（朱军和许志伟，2018）。

二、以市场机制为基础

在私人产品市场上，消费者可以通过购买行为来显示其偏好。但由于公共产品的非排他性，理性消费者有可能隐瞒自己对公共产品的真实偏好以减少付出。“搭便车”者的存在使得公共产品只能通过税收的方式进行强制性投入。一旦投入，无论好坏消费者只能被动接受，这就产生了公共资本投入的低效率。

蒂布特模型突破了公共产品供给中政府垄断投入和消费者被动接受的思路，将公共产品投入的决定权由完全的政府主导变成了类似于私人产品的由消费者决定。地方性公共产品与全国性公共产品相比，消费者相对更具有选择权，一定条件下可以通过“用脚投票”的方式选择自己效用最大的地方居住，进而实现对公共产品的选择。一旦消费者拥有了选择权，地方性公共产品的投入便出现了竞争。假如消费者能够自由流动，那么消费者就可以如同选择商品一样选择地方性公共产品，使得地方政府不得不关注其产品和服务的质量。因此，蒂布特的“用脚投票”机制为我们设计公共资本的投入模式提供了参考。

事实上，公共资本的有效投入是一个如何最大限度满足当地居民需求的问题。为达到这一目的，就要求我们以市场机制为基础，创造有利于消费者在不同地方自由流动的环境，使得地方性公共产品的投入与不同收入层次和居民需求以及经济发展阶段相适应。

公共产品投入的过程实际上是一个集体消费单位选择生产单位的过程，其中既有消费者、生产者，又有安排者。在传统的公共产品投入方式中，政府同时扮演着安排者和生产者的角色。其实，在公共产品的投入过程中，政府更多的应该是安排者，而生产单位可以是政府自身，也可以是政府以外的其他部门、企业或个人。因此，除了传统做法外，地方性公共产品的投入还可以有一些新的尝试：第一，签订政府间协议，即一个政府单位同另一个政府单位签约，雇用或者付费给其他政府以提供公共产品；第二，改变完全由政府生产公共产品的方式，某些公共产品可以由政府生产，其他部分可以从其他管辖单位或私人企业处购买；第三，向家庭签发凭单，允许消费者自行选择生产者购买服务，使得公共产品的投入更能满足居民的真实需求；第四，进行成本—效益分析，在政府机构中引入竞争机制和激励机制，打破地方性公共产品投入的低效率，提高投入质量，降低投入成本。

三、以社会资本为补充

相比过去政府作为公共品单一提供方的传统模式，政府与社会资本合作（public-private partnership，PPP）模式通过引入社会资本，能有效缓解政府的财政压力，并发挥社会资本在技术、信息等方面的比较优势，是供给侧结构性改革的重要内容（贾康和孙洁，2009）。

自20世纪90年代英国率先提出PPP模式以来，PPP被广泛应用到全球。中国于20世纪90年代中期引入PPP模式，应用于高速公路、水利等基础设施建设，后来运用到2008年北京奥运会场馆建设、科技创新项目投资等领域。在大多数的PPP项目中，企业承担资金、设计、建设、运营、维护等工作，通过“使用者付费”或“政府付费”获得回报，政府部门负责价格、质量等方面的监管，保证公共福利的最大化。以早期运用PPP的高速公路为例，社会资本承担高速公路的设计与修建，通过高速公路收费来回收成本，地方政府对高速公路的质量进行监督，同时对高速公路的收费、价格进行管理，避免社会资本获得过多垄断利润。目前，PPP模式已经成为政府稳定经济增长、解决基础设施瓶颈、缓解地方债务压力的重要举措。2013～2016年，国务院及财政部、发展和改革委员会等部门累计出台70余项政策法规（喻文光，2016），中央投入1800亿元设立PPP引导基金，“推广政府和社会资本合作模式”也被正式写入“十三五”规划。

但是，从目前PPP的实际落地率来看，PPP似乎并未得到社会资本的充分响应，社会资本参与度不足的局面与政府大力推广PPP形成“上热下冷”的反差，PPP模式融资难、融资贵的问题严重影响了PPP项目的落地率与实施效率。例如，截至2017年12月，在财政部入库的1.4万个、总投资18.2万亿元、涵盖能源交通等19个行业领域的PPP项目中，进入实质性执行阶段的项目数与签约金额分别只占总体的18.9%和25.3%（财政部PPP综合信息平台）①。

究其原因，中国PPP市场一直存在一种可以称为“公共品负担”的现象：一旦社会资本“进入”以后，地方政府往往会对PPP项目进行政策干预，而地方政府在事后谈判中处于强势地位，干预的结果必将是社会资本的私人利益受到较大的负面影响。地方政府让社会资本承担公共品负担成为社会资本参与PPP项目的主要风险（柯永建等，2008；亓霞等，2009）。然而，地方政府之所以“损害”社会资本的私人利益，一个重要目的是提高公共福利、维护公共安全或者满足公共诉求。可见，在地方政府与社会资本开展PPP项目合作的过程中，地方政府与社会资本的目标不完全一致，地方政府更多考虑得是公共利益，而社会资本更多考虑得是私人利益。

当前，PPP模式承担着缓解地方债务压力、保障公共品供给、稳定地方增长的重要职能。2014年以来，地方政府推出了大量PPP项目，PPP项目的数量、体量都远远超过20世纪90年代，PPP项目的“稀缺性”显著下降。同时，近20年中国在基础设施投资上保持高速增长，如今已经成为全球基础设施存量最大的国家之一，甚至在某些基础设施领域出现了结构性过剩，加之当前中国经济增速放缓、固定资产投资回报率下降等原因，相比过去，社会资本的投资回报存在更大的不确定性。不仅如此，当前中国产业发展水平大幅提升，一些运用PPP模式的基础设施和公共服务，其技术密集度和技术创新风险已经达到较高水平，对社会资本的创新能力提出了更高要求。在这

① 由于自2017年底起，财政部开始对纳入财政部PPP综合信息平台管理库的项目进行清理，导致入库项目数、投资额、落地率等指标发生了较大变化。为了排除清库政策的影响，此处采用了截至2017年12月的数据来反映PPP市场的落地难问题。

种情况下，如果地方政府对社会资本施加过高的公共品负担，将严重影响社会资本的进入激励，引发 PPP 落地难、落地贵等问题。此时，地方政府的最优策略不再是通过高持股吸引社会资本进入，然后再让其承担公共品负担，而应当让社会资本就地方政府的行为形成清晰的预期，唯此才能发挥 PPP 模式风险共担、利益共享的制度优势。

首先，公共品定价是 PPP 的核心之一，地方政府应当提高公共品定价的专业性，减少社会资本因公共品价格调整而承担的公共品负担。从 PPP 的运营情况来看，地方政府让社会资本承担公共品负担的主要途径是压低公共产品和公共服务的价格。在地方政府追求公共福利最大化的情况下，如果仅仅由地方政府制定公共品的价格，则公共品负担问题难以避免，社会资本将缺乏参与 PPP 市场的激励。因此，应试点第三方定价，由专业的第三方机构专门为公共品定价提供决策依据，综合考虑社会资本、地方政府和社会公众的利益诉求和承担的风险，最大限度地保障公共品定价的公正性和公信力。第三方定价的核心作用在于减少社会资本在进入 PPP 市场前对公共品定价的顾虑，从而提高社会资本进入 PPP 市场的信心。第三方定价成功的关键在于其专业性，唯有专业性才能保证公共品定价的公正性和公信力。第三方定价机构应当由 PPP 相关各领域（包括经济、法律、工程等）的专业人士共同组成。

其次，建立具有公信力的利益补偿与风险补偿机制。地方政府和社会资本签订合约时，通常难以在合约中清楚写明竞争性条款，例如是否以及在何种条件下引入新的社会资本。随着我国经济和社会的快速发展，一些公共产品或公共服务的社会需求可能会出人意料地快速增加，从最大化社会福利的角度，此时应当引入新的社会资本，但这会降低先前进入的社会资本的收益，导致其事后的收益水平与事前承担的高风险不相匹配。为了维持社会资本参与 PPP 模式的激励，有必要对先前进入的社会资本进行补偿。在确定补偿水平时，第三方定价机构同样可以发挥重要作用，以其专业保障利益补偿的合理性和公正性，从专业角度判断社会资本事前承担的风险大小，进而判断与风险相匹配的合理补偿。例如，当社会资本的实际利润达到较高水平时，可由第三方机构判断高利润是由于市场垄断还是社会资本在事前承担了较高的商业、技术风险，以此作为政策调整的依据。

最后，进一步清晰界定社会资本参与 PPP 项目的责任边界，让社会资本在进入 PPP 市场前就未来可能承担的社会责任形成清晰的预期。由于 PPP 项目具有显著的外部性，因此社会资本往往需要承担一定社会责任。例如，水利和电力 PPP 项目需要保证环境安全，交通轨道 PPP 项目需要保证工程质量。如果没有相应的法律法规清晰界定社会资本的社会责任边界，那么一些地方政府可能以社会责任为由让社会资本实质上承担过高的公共品负担。因此，中央政府和地方政府可通过制定相应的法律法规来界定社会资本所需承担的社会责任，让社会资本就需要承担的社会责任形成清晰的预期，有助于增强社会资本参与 PPP 市场的信心，缓解 PPP 落地难问题，让 PPP 模式缓解地方财政压力、保障公共品供给的作用得到更好发挥。

第四节　中国公共资本投入机制构建

一、合理划分中央与地方政府责权

如何构建恰当的制度防范机制，约束地方政府快速的支出扩张偏向，使地方政府支出保持合理的增速？相关的制度成因分析可追溯至调整分权构架中的扭曲性制度激励，以及既有财政分权模式下不对称的责权划分等（龚强等，2011；陈志勇和陈思霞，2014）。基于中国财税体制改革历程我们发现，在中国财税体制改革的实践中，财政分权长期被割裂为两个子问题：财权的划分和事权的划分。前者是改革实践的主要出发点，包括 1994 年的分税制改革、2002 年的所得税改革和 2016 年的“营改增”等；相对而言，后者的推进却十分缓慢。在过去几十年基本理顺了财权划分的背景下，当前财税体制改革的主要任务是规范政府间事权划分。中国政府体系包含五个行政层级，即中央、省、地级市、县级市（县）和乡（镇），每一级政府都拥有一定的事权。最优财政事权配置的核心问题是：对于任何一种公共产品，究竟应由哪一级政府负责提供？

在中国，中央在事权的配置上具有绝对的权威，任意一项事权归属的合法性都依赖于中央的认可。这就意味着中央在下放事权后还拥有随时调整和收回事权的权力。《关于推进中央与地方财政事权和支出责任划分改革的指导意见》也指出：“省级政府要参照中央做法，结合当地实际，按照财政事权划分原则合理确定省以下政府间财政事权”。可见，省级政府拥有财政事权的二次分配权，其可以选择性地将中央下放的财政事权进一步下放给地方政府，这些地方政府则处于被动接受的地位。因此，结合《关于推进中央与地方财政事权和支出责任划分改革的指导意见》中所提出的总体原则，并针对中国财权事权划分实践中存在的问题，我们提出以下政策建议。

首先，系统而不是割裂地设计省以下财政事权配置方案。由于中国政府层级多，两级政府的分权范式不能提供充分的理论指导，且简单地将其运用到省以下分权中并不能保证其适用性，甚至会忽略掉多层级政府策略互动的重要特征。省以下分权并不是一个独立的问题，而是整个三级政府事权配置问题中的一个有机组成部分。然而在中国的政策实践中，却频繁地出现照搬复制，模仿跟风的现象（刘伟，2014），即下级政府在制定政策时，往往直接在上级政策的基础上进行细微、机械地修改，而很少考虑到中央、省际和地方面临的环境和约束条件的差异。

其次，利用利益相关性理论解决共同事权过多的问题。《关于推进中央与地方财政事权和支出责任划分改革的指导意见》中主要强调了利益重要性原则，较少应用利益相关性原则，而对后者更为广泛的应用能够在一定程度上解决共同事权过多的问题。在现实中，利益份额的边界模糊且计算复杂，容易产生推诿现象，且上下级政府之间地位的不对等很容易违背最优的划分，造成下级政府负担过重。如果进一步运用利益相关性理论，就能够大量地减少共同事权，提高财政效率。

再次，区分正式与实际的共同事权以明确支出责任。《关于推进中央与地方财政事权和支出责任划分改革的指导意见》指出，现行的中央与地方支出责任划分存在不清晰、不合理、不规范等问题，而明确区分正式与实际的共同事权，将有益于解决这些问题。由于正式事权具有制度层面的稳定性，而实际事权可以在需要时进行相机配置，因此无论事权的实施涉及哪些层级的政府，对应的支出责任均应在正式事权的所属政府。正式事权所属政府对该项事权的实施做好财力保障，如具体实施中涉及其他层级政府，则根据承担份额安排一般或专项转移支付向其支付相应的财力。在这一安排下，正式事权所属政府在某种意义上“承包”了财政事权，并在实施过程中将其进一步“分包”给其他层级的政府。这种政府间的合约关系能够有利于将事权、支出责任以及财力匹配起来，从而在一定程度上解决参与方的预算软约束问题（Kornai et al.，2003）。

最后，积极发挥实际事权的稳定器作用。正式事权与实际事权的一个重要差异体现在灵活性上。实际事权可以根据需要在不同层级政府之间转移，而正式事权由法律法规保障，一旦确立就不可随意变动。过去几十年中国在财权划分的改革上取得了巨大的成功，并最终形成了稳定的“分税制财税体制”，这一稳定性在一定程度上得益于灵活高效的政府间转移支付体系的建立，该体系发挥着调剂余缺的重要作用。类似地，在事权归属法制化的基础上，正式事权的划分要形成稳定的制度，也需要类似的调节机制。在这一点上，将政府间的转移支付制度结合实际事权的灵活配置应当能够发挥一定的稳定器作用。

二、充分发挥转移支付的积极作用

作为财政分权体制的重要制度安排，转移支付不仅可以弥补地方财政缺口，而且也是中央激励地方政府履职尽责的重要机制。伯德（Bird，2000）认为，转移支付作为诱导地方政府成为有责任政府的工具，从任何角度看都非常关键。转移支付的目的是激励地方政府更充分地提供民众所需公共品。布科威特斯凯和斯马特（Bucovetsky & Smart，2006）、希瑞克斯等（Hindriks et al.，2008）的研究发现，如果设计适当，转移支付可以降低地方政府增加经济性公共品的边际收益，抑制地方政府的支出偏向，增加有利于本地居民的社会性公共品供给。温格斯特（Weingast，2009）也曾提出，中央政府可以设计适当的转移支付激励地方政府成为有责任政府，使得本地居民的社会性公共品得到更充分供给。艾勒斯（Allers，2012）认为，由于地区间存在财政差异，外部无法准确判断公共品供给不足的真实原因，良好的转移支付制度可以消除信息不对称产生的标杆偏误。科特斯盖尼斯和施瓦格尔（Kotsogiannis & Schwager，2008）、刘（Liu，2014）等也指出，转移支付是解决异质地区竞争约束弱化的关键，有了转移支付，卡伊和特莱斯曼（Cai & Treisman，2005）所说的竞争机制就能真正发挥对地方政府的约束作用。但这些文献同时也指出，转移支付能否发挥上述作用，关键取决于其制度设计。

在中国，转移支付制度较为特别。制度只规范一般性转移支付资金如何分配，转移支付资金筹集则通过分税体制实现。可能正因如此，已有研究都只讨论转移支付分配效应，不讨论转移支付筹资效应，例如，郭庆旺和贾俊雪（2008）、李永友和沈坤荣（2009）、付文林和沈坤荣（2012）等。然而，在纵向转移支付制度下，地方政府的行为选择不仅考虑转移支付分配效应，也会考虑转移支付筹资效应。这一点与豪普特迈耶（Hauptmeier，2007）、刘

（Liu，2014）等研究的德国转移支付制度不同，后者主要是横向转移。所以，在纵向转移支付制度下，仅依据转移支付分配效应评价其激励效应可能存在偏误。不仅如此，转移支付筹资和分配的分离造成地方政府不能完整评估财政决策的成本和收益，从而会做出扭曲的支出安排。除了制度本身的特殊性，中国的转移支付制度是在地区间存在激烈竞争的环境中运行的（周业安，2009；周亚虹等，2013）。在这样的环境下，地方政府选择公共品的供给时，不仅需要考虑资本竞争引致的税基跨区域流动，还需要考虑转移支付引致的财政收入跨区域流动。

另外，中央政府主要通过两种方式分配转移支付，一是一般转移支付，二是特定目的的专项补助。一般性转移支付和税收返还，对地方政府而言如同自有收入，其使用不会受中央政府的影响。而专项补助对支出用途有一定限制，从而导致这部分转移支付对地方政府而言并不同于自有收入，中央政府的意图可以通过这种限制得到贯彻，同时一些补助项目需要地方政府配套，从而可以替代地方政府对公共资本的投入。

李永友和张子楠（2017）指出，中国地方政府社会性支出激励不足和社会性公共品相对短缺与分权设计有很大关系。1994 年的分权改革在提高两个比重的同时，产生了较为显著的收入集权倾向，中央政府强化收入能力和地方事务地方政府负责制，使地方政府支出责任与财力不匹配。为了激励地方政府更负责任，通过大规模转移支付弥补地方政府支出与收入缺口，成为中国地方政府治理的重要机制。分权是中国市场经济发展的必然要求，中国财政体制改革应在分权框架下，发挥转移支付制度在地方政府治理上的积极作用。

三、进一步完善政府绩效考核机制

改革开放以来，中国经济的高速发展已经持续了 40 年，许多学者认为以 GDP 为主要指标的绩效考核制度是这种巨大成就的重要原因之一（周黎安，2004；张军，2005；张军等，2007；徐现祥和王贤彬，2010）。然而，由于绩效考核与居民福利之间存在不可避免的偏好冲突，这种官员治理模式又是地方政府忽略了教育、医疗和环境治理等民生方面的努力（乔宝云等，2005；傅勇和张晏，2007；张克中等，2011；黄寿峰，2017）的重要原因。

为了解决绩效考核制度带来的激励扭曲问题，中央陆续出台了一系列的规范性文件，以改革和完善干部考核评价制度，提高居民福利。党的十八届三中全会《中共中央关于全面深化改革若干重大问题的决定》中明确指出："完善发展成果考核评价体系，纠正单纯以经济增长速度评定政绩的偏向，加大资源消耗、环境损害、生态效益、产能过剩、科技创新、安全生产、新增债务等指标的权重"。中央组织部印发的《关于改进地方党政领导班子和领导干部政绩考核工作的通知》提出了具体的考核指标："把有质量、有效益、可持续的经济发展和民生改善、社会和谐进步、文化建设、生态文明建设、党的建设等作为考核评价的重要内容"。新修订的《党政领导干部选拔任用工作条例》中也做出了类似的要求。之后在2016年底，中央又陆续出台了《生态文明建设目标评价考核办法》等文件，将绿色发展和生态文明建设列为重要考核指标。政府对绩效考核制度的重视程度可见一斑。

针对公共资本投入，中国目前尚不具备使财政分权正向激励效应得以有效发挥的制度基础。因此，应在保持适度财政分权的同时，加大力度推动基层民主建设，改革现有的政府绩效考评机制，着重改革分权框架下地方政府投资竞争的扭曲性制度激励，有效控制地方政府的扩张偏向性支出行为，引导地方政府有效配置公共资源，更好地满足民众对公共服务的需求。同时，在政绩考核时，更多地参考辖区居民的意见，有助于地方政府向公共产品供给者的角色归位（傅勇，2010）。另外，加大反腐败力度是提高公共资本投入效率的有效途径（傅勇，2010）。

第五节　本章小结

中国经济40年来的高速增长，财政体制的诱致性变迁发挥了重要作用，尤其是财政分权体制赋予地方政府的剩余索取权以及地方官员的晋升锦标竞赛，极大地调动了地方发展经济的积极性，迅速改善了中国公共基础设施的落后面貌。但是，在中国式分权背景下，与经济的迅猛发展相比较，中国在公共领域的表现远不能令人满意，财政分权给公共资本的投入与运行仍带来了诸多问题，例如：财政分权促使地方政府偏向性投资；财政分权引致地方政府财权事权不匹配。可见，虽然中国的分权体制在基础设施建设等方面带来了巨大推动力，但非经济性公共产品领域并不是分权体制的受益者。

实证结果表明，财政分权是促进中国公共资本投入效率提升的重要因素之一。要改善公共资本的投入效率，重点不在于抛弃分权体制，而在于增加其合意性。事实上，中国目前的财政体制与理想的蒂布特模型相去甚远。因此，在财政分权能够促进公共资本投入效率提升的经验支撑下，应仔细考量保证其得以成立的种种条件，在此基础上构建基于效率改进的公共资本投入运行机制。

对于中国公共资本投入模式，应坚持以地方政府为主导，中央政府参与为辅；坚持以市场机制为基础，使得公共资本的投入与不同收入层次和居民需求以及经济发展阶段相适应；坚持以社会资本为补充，发挥社会资本在技术、信息等方面的比较优势，发挥 PPP 模式风险共担、利益共享的制度优势。对于中国公共资本投入机制，应合理划分中央与地方政府责权，规范各级政府间的事权划分；应充分发挥转移支付的积极作用，通过转移支付弥补地方财政缺口，并激励地方政府履职尽责；应进一步完善政府绩效考核机制，实现多维绩效考核，加大力度推动基层民主建设，更多地参考辖区居民意见。

第八章　研究结论、对策建议与研究展望

第一节　研究结论

本书在对资本投入核算、公共资本投入核算、公共资本投入与经济增长、资本投入效率、财政分权与经济增长等方面的现有文献进行系统把握和述评的基础上，首先，运用永续盘存法和“年龄—效率”函数对中国全国及省际公共资本存量和生产性公共资本存量进行了审慎的估算，以期为后续研究提供数据支撑；其次，实证研究中国公共资本投入与经济增长的关系，从而为中国公共资本投入促进经济增长获得实践经验的支撑；然后，基于规模报酬可变的 DEA 以及泰尔指数深入探索中国省际公共资本投入效率的变化趋势和区域差异；再次，为了验证 1993 年以来公共资本投入效率的显著提升是否由于财政分权水平的提高，我们基于财政分权视角对公共资本投入效率的影响因素展开了理论分析和实证检验。在上述研究的基础上，我们通过理清中国财税体制改革历程，构建基于效率改进的中国公共资本投入运行机制。最后，基于研究结论提出相应的对策建议。

本书的研究有四大目标：一是对中国全国及省际公共资本投入进行细致的、谨慎的估算；二是对公共资本投入促进经济增长的机制进行理论验证和实证分析，以期为后续研究获得实践经验支撑；三是深入探索中国省际公共资本投入效率的变化趋势、区域差异以及影响因素；四是基于财政分权视角，构建基于效率改进的中国公共资本投入机制。本书的基本研究结论如下：

第一，不同学者的公共资本存量估算结果差异是非常明显的，这种差异主要体现于基期公共资本存量的估算、当年公共资本投资序列的选取以及资产折旧率的估算。与公共资本存量相比，生产性公共资本存量通过综合考虑资产退役以及资本在使用过程中的效率损失和磨损，更能反映实际服务于生

产过程的公共资本投入规模。总体上，我国生产性公共资本存量在1993年前增长缓慢，1993年后增速明显加快，1998年和2009年金融危机时期我国以增加公共投资为主的积极财政政策的实施进一步推动了生产性公共资本存量的迅速积累。区域上，生产性公共资本存量由东向西呈阶梯式分布，东部沿海地区公共资本存量明显处于领先水平，而大西北地区的公共投资处于严重不足状态，区域分布呈现出明显的“核心—外围”区域特征，即以东部沿海地区为核心，以广大的中西部地区为外围的发展格局，但西部地区的生产性公共资本存量自1998年以来始终保持着高于东部、中部地区的增长水平。省际上，山东、广东、四川、江苏和浙江的生产性公共资本存量处于全国领先水平，而青海、海南、西藏和宁夏的生产性公共资本存量处于落后状态，若进一步消除人口规模的影响，西藏、内蒙古及天津的人均生产性公共资本存量增长最为迅速，各省份之间生产性公共资本存量的差异巨大。

第二，中国省际公共资本投入及经济增长在分布上均存在显著的正自相关性和空间依赖性，中国公共资本投入区域空间分布的内在机理强化了其区域分布的不平衡机制，各地区经济增长存在很强的路径依赖，并且周边地区经济发展状况对本地区经济增长具有显著的空间溢出效应。无论采用静态面板模型还是动态空间面板模型，中国公共资本投入对经济增长均呈现显著的正向作用，但若忽略了经济增长的路径依赖以及空间因素，则会夸大公共资本投入对本地区经济增长的促进作用。无论采用邻接空间权重矩阵还是距离空间权重矩阵，邻近地区公共资本投入对本地区经济增长均呈现显著的负向溢出效应，产业结构、对外开放度和受教育水平与经济增长均显著正相关，以政府消费支出占比衡量的政府规模不利于地区经济发展。东部、中部、西部地区公共资本投入对经济增长均呈现显著的正向关系，但各区域公共资本投入的产出弹性存在一定差异，中国公共资本投入对经济增长的促进作用并不与公共资本投入量呈正比，西部以及中部地区公共资本投入的经济增长效应要远高于东部地区。

第三，1985年以来我国经济增长对应两种不同的增长模式：第一阶段（1985~1995年），表现为经济的高速增长和公共部门劳动生产率的高速增长，而劳动生产率的增长主要得益于技术进步；第二阶段（1996~2014年），表现为经济的高速增长和公共部门劳动生产率的低速增长，具体特征为技术进步和技术效率有所减缓，劳动生产率的增长主要依靠公共资本投入。20世纪90年代中期以来，中国经济增长来源和增长模式都发生了重要转变，TFP

的作用明显下降，技术效率和技术进步的减缓是公共部门劳动生产率下降的主因，而公共资本的迅速及持续积累成为近年来推动中国经济增长的主要源泉，我国区域经济增长仍呈现典型的政府推动型特征，但仅仅依靠公共资本的大量投入并不能有效维持公共部门劳动生产率的持续增长。总体上，中国公共资本投入效率在 1993 年前增长缓慢，从 1993 年开始得到了有效提升，并在 1998 年和 2009 年增速明显加快，地方政府在金融危机时期实施的以加大公共投资为主的积极财政政策是有效的，但 2009 年以来公共资本投入效率增速的不断下降表明加大公共投资并不是维持公共资本投入效率的有效手段。区域上，东部和中部地区公共资本投入效率的增长水平在 1999 年之前明显高于西部地区，但在 1999 年之后西部地区超过了东部地区并一直保持着高于东部地区的增长水平，长江中游、西南和黄河中游地区的公共资本投入效率累积增长较快，北部沿海、东北、东部沿海和南部沿海地区次之，累积增长最慢的是大西北。公共资本投入效率累积变化差异明显高于其年均变化差异，而省际间公共资本投入效率差异水平最高，八大区域差异次之，三大区域差异最小，公共资本投入效率的区域差异自 1993 年以来呈现持续发散的格局，并且这种差异主要来源于省际间。东部、西部地区公共资本投入效率累积变化差异明显高于中部地区，而造成三大区域效率差异的主要原因来源于区域内而非区域间，大西北地区公共资本投入效率累积变化差异尤为明显，北部沿海、东部沿海、长江中游的公共资本投入效率累积变化差异也呈上升趋势，而东北、南部沿海、黄河中游和西南地区公共资本投入效率累积变化差异不大。

第四，公共资本投入效率与财政分权之间存在倒“U”形的非线性关系，当财政分权小于最优分权时，增加分权有利于提高公共资本投入效率；当财政分权大于最优分权时，财政分权水平的提高会对公共资本投入效率产生负面影响；当财政分权水平等于最优分权时，公共资本投入效率最高。无论采用财政收入分权还是财政支出分权指标，财政分权与公共资本投入效率增长均呈显著正相关关系，财政收入分权和财政支出分权均未达到最优分权水平。当以收入分权作为财政分权指标时，财政收入分权有利于公共资本投入效率的提升，且随着财政收入分权水平的不断提高，其对公共资本投入效率的激励作用会进一步提升。当以支出分权作为财政分权指标时，财政支出分权有利于公共资本投入效率的提升，但随着财政支出分权水平的不断提高，其对公共资本投入效率的激励作用呈现下降趋势，财政支出分权对公共资本投入效率的正效应已然随着支出分权水平的提高而边际递减。人均 GDP 对公共资本投入效率的影响显著为负，地方经济发展水平的提高不一定对公共资本投入效率有促进作用，以进出口总额占比衡量的开放度是否有助于公共资本投入效率增长还有待进一步考证，外商直接投资对公共资本投入效率呈正向作用，以政府消费支出占比衡量的政府规模显然不利于公共资本投入效率的增长，受教育水平对公共资本投入效率的影响显著为正。无论采用财政收入分权指标还是财政支出分权指标，中部地区的财政分权对公共资本投入效率的促进作用最为显著，其次为西部地区，而东部地区的促进作用最小，中国财政分权与公共资本投入效率之间的关系存在显著的地区差异，财政分权水平对公共资本投入效率增长的促进作用并不与财政分权度呈正比。

第五，中国经济 40 年来的高速增长，财政体制的诱导性变迁发挥了重要作用，尤其是财政分权体制赋予地方政府的剩余索取权以及地方官员的晋升锦标竞赛，极大地调动了地方发展经济的积极性，迅速改善了中国公共基础设施的落后面貌。但是，在中国式分权背景下，与经济的迅猛发展相比较，中国在公共领域的表现远不能令人满意，财政分权给公共资本的投入与运行仍带来了诸多问题，例如，财政分权促使地方政府偏向性投资；财政分权引致地方政府财权事权不匹配。虽然中国的分权体制在基础设施建设等方面带来了巨大推动力，但非经济性公共产品领域并不是分权体制的受益者。要改善公共资本的投入效率，重点不在于抛弃分权体制，而在于增加其合意性。事实上，中国目前的财政体制与理想的蒂布特模型相去甚远。因此，在财政分权能够促进公共资本投入效率提升的经验支撑下，应仔细考量保证其得以成立的种种条件，在此基础上构建基于效率改进的公共资本投入运行机制。

第二节　对策建议

从战略高度重新审视公共资本投入对生产过程的贡献以及区域配置问题，从片面强调公共资本投入规模转变到全面把握公共资本投入规模与公共资本投入效率相协调的目标上来，是实现国民经济长期可持续发展和区域经济协调快速发展的必然要求。改善和提高公共资本投入促进经济增长的实际效果，缩小区域差距，客观上要求将合理配置公共资本投入规模放在优先位置，兼顾投入结构的优化与区域均衡协调机制，最终达到改善公共资本投入效率、缩小区域差异的战略目标。根据本书的研究结论，我们提出以下相应的对策建议，以期构建一个稳定、长效的基于效率改进的中国公共资本投入运行机制。

一、加强落后地区公共资本投入力度，保证公共投资适度均衡发展

适度的公共资本投入对中国经济增长的作用得到诸多理论和实践验证，公共资本的过度集聚显然不利于公共资本经济增长效应的发挥并会对周边地区经济发展产生负面效应。因此，一方面，各级政府在进行公共投资时，应实行科学的规制管理和市场化改革，充分考虑公共资本过度投资的风险，根据各地的实际发展情况进行合理的投资，将公共资本投入控制在科学合理的范围，充分发挥货币政策和财政政策调整要素配置的作用，激励生产性公共资本投入以提升公共资本的利用效率，使经济保持协调、适度的高增长。另一方面，中央政府和地方政府应综合考虑各地区公共资本投入现状，基于全局战略眼光合理配置公共资本，加强区域间合作与交流，设计适当激励政策促使地方政府决策时兼顾对邻近地区的影响，如制定有倾向的税收政策、平衡各地区公共资本的边际收益，合理配置公共资本内部结构等。另外，我国中、西部地区尤其是大西北地区的公共基础设施资本相对匮乏是非常明显的，继续保持积极的公共投资政策并适当向中、西部地区倾斜以逐步缩小区域差距应当是我国保持较高经济增长率的重大战略，在合理控制东部沿海地区公共资本投入规模的过度扩张的同时加强中、西部地区公共资本投入力度，完善中、西部地区公共基础设施建设，使公共资本投入规模保持在资源利用效率的最佳状态，实现公共资本在全国范围内的均衡配置。

二、有效提升中国公共资本投入效率，注重发挥全要素生产率的积极作用

由于劳动生产率变动是技术效率、技术进步与资本投入效率等多因素综合作用的结果，而资本形成速度最终受制于递减的边际报酬定律，过度依赖公共资本深化的政府推动型经济增长并不可长期维持，合理配置公共资本投

入规模的同时注重发挥 TFP 的作用就显得十分重要。因此，要想实现国民经济长期可持续发展和区域经济协调快速发展，必然要求从战略高度重新审视公共资本投入对经济发展的贡献以及区域配置问题，从片面强调公共资本规模转变到全面把握公共资本规模与公共资本利用效率相协调的目标上来。一方面，地方政府应通过优化公共投资结构有效发挥公共资本对经济增长的促进作用，中央政府也应注意实现公共资本在全国范围内的均衡配置，在合理控制东部沿海地区公共资本投入规模的过度扩张的同时，加强中、西部地区公共资本规模，使公共资本投入规模保持在资源利用效率的最佳状态；另一方面，通过不断提高政府工作效率和国有企业生产效率，进一步加强企业自主创新能力并完善自主创新激励机制，促使技术效率和技术进步得以提升，实现我国经济增长方式由粗放型向集约型的转变。

三、完善中国公共资本投入模式，保证地方公共资本的投入效率

首先，对于地方性公共产品，应以地方政府为主导、中央政府参与为辅。地方政府负责投入一般地方性公共产品，中央政府负责对具有外部效应的地方性公共产品进行投入。对于具有正外部效应的地方性公共产品的溢出可采用相邻地方政府联合投入的模式进行内部调整，对于具有负外部效应的地方性公共产品进行限制。

其次，以市场机制为基础，创造有利于消费者在不同地方自由流动的环境，使得地方性公共产品的投入与不同收入层次和居民需求以及经济发展阶段相适应。除了传统做法外，地方性公共产品的投入还可以有一些新的尝试：第一，签订政府间协议，即一个政府单位同另一个政府单位签约，雇用或者付费给其他政府以提供公共产品；第二，改变完全由政府生产公共产品的方式，某些公共产品可以由政府生产，其他部分可以从其他管辖单位或私人企业处购买；第三，向家庭签发凭单，允许消费者自行选择生产者购买服务，使得公共产品的投入更能满足居民的真实需求；第四，进行成本—效益分析，在政府机构中引入竞争机制和激励机制，打破地方性公共产品投入的低效率，提高投入质量，降低投入成本。

最后，通过引入社会资本，能有效缓解政府的财政压力，并发挥社会资本在技术、信息等方面的比较优势。地方政府应当提高公共品定价的专业性，减少社会资本因公共品价格调整而承担的公共品负担；建立具有公信力的利

益补偿与风险补偿机制；进一步清晰界定社会资本参与 PPP 项目的责任边界，让社会资本在进入 PPP 市场前就未来可能承担的社会责任形成清晰的预期。

四、健全中国公共资本投入运行机制，保证公共投资的科学性与合理性

由于资本在经济活动中的贡献和作用取决于“筹资—投资—积累—运行”等一系列复杂的资本运动过程，制定公共资本投入的长远发展规划、健全和完善公共资本投入运行机制就显得尤为重要。

首先，合理划分中央与地方政府责权。在我国全面深化改革的新时期，由于我国资本市场发育水平较低，市场化筹资能力有限，中国在向市场经济转轨过程中地方财政仍然需要承担较多的支出责任。因此，我们需从收入分权和支出分权两个维度进一步提高财政分权水平，以通过提升地方政府财政自主权为载体，不断释放分权体制改革对地方政府的激励效应。同时，进一步完善财政分权体制机制，健全中央和地方财力与事权相匹配的财税机制，完善促进基本公共服务均等化和主体功能区建设的公共财政体系，构建地方税体系，形成有利于结构优化、社会公平的税收制度，从而有效提升地方政府公共资本投入效率水平。另外，在过去几十年基本理顺了财权划分的背景下，当前财税体制改革的主要任务是规范政府间事权划分，各级政府应系统而不是割裂地设计省以下财政事权配置方案，利用利益相关性理论解决共同事权过多的问题，区分正式与实际的共同事权以明确支出责任，并积极发挥实际事权的稳定器作用。

其次，充分发挥转移支付的积极作用。作为财政分权体制的重要制度安排，转移支付不仅可以弥补地方财政缺口，而且也是中央激励地方政府履职尽责的重要机制。1994 年的分权改革在提高两个比重的同时，产生了较为显著的收入集权倾向，中央政府强化收入能力和地方事务地方政府负责制，使地方政府支出责任与财力不匹配。为了激励地方政府更负责任，通过大规模转移支付弥补地方政府支出与收入缺口，成为中国地方政府治理的重要机制。分权是中国市场经济发展的必然要求，中国财政体制改革应在分权框架下，发挥转移支付制度在地方政府治理上的积极作用。

最后，进一步完善政府绩效考核机制。为了解决绩效考核制度带来的激

励扭曲问题，中央陆续出台了一系列的规范性文件，以改革和完善干部考核评价制度，提高居民福利。针对公共资本投入，中国目前尚不具备使财政分权正向激励效应得以有效发挥的制度基础。因此，应在保持适度财政分权的同时，加大力度推动基层民主建设，改革现有的政府绩效考评机制，着重改革分权框架下地方政府投资竞争的扭曲性制度激励，有效控制地方政府的扩张偏向性支出行为，引导地方政府有效配置公共资源，更好地满足民众对公共服务的需求。同时，在政绩考核时，更多地参考辖区居民的意见，有助于地方政府向公共产品供给者的角色归位。另外，加大反腐败力度是提高公共资本投入效率的有效途径。

第三节 研究展望

本书将研究兴趣集中于中国全国及省际公共资本投入的谨慎估算上，并以此为基础，对公共资本投入与经济增长的相关关系进行实证研究，进而深入探讨中国公共资本投入效率的变化趋势、区域差异以及影响因素，最后依据研究结论提出相应的对策建议，构建基于效率改进的中国公共资本投入运行机制。需要指出的是，公共资本投入估算、公共资本投入效率测度以及公共资本投入运行机制的构建在理论和实践层面均是具有挑战性的工作。尽管本书在数据采集、研究方法以及研究视角等方面进行了初步尝试，但是，随着研究工具、研究方法、研究视角的不断创新，本书的研究也存在一定的局限性，从而指引了我们继续探索的方向。

第一，本书对公共资本投入的估算仅仅局限于物质资本，并不包括对人力资本的估算与分析，后期若能将估计面拓展到人力资本将是一件有趣的工作。另外，本书仅对中国全国及省际公共资本投入的总量进行了估算和分析，并没有涉及公共资本投入的行业及结构问题。因此，在对中国全国及省际公共资本投入估算与分析的基础上，进一步对中国公共资本投入的行业及结构问题进行分析研究，也将构成一项重要的研究议题。

第二，本书通过运用 DEA 对中国省际公共资本投入效率进行了测度与分析，但遗憾的是，受制于部分数据无法获取，我们没能对其他国家和地区的公共资本投入进行估算，进而比较分析各国公共资本投入效率状况。因此，在对欧盟国家的资本投入数据进行搜集的基础上，继续完善上述工作，将成为我们后续一项重要的工作内容。

第三，本书基于财政分权视角对中国公共资本投入效率的影响因素展开了理论分析和实证研究，并在此基础上构建基于效率改进的中国公共资本投入运行机制。但是，影响公共资本投入效率的因素是多方面的，包括经济方面、制度方面、政策方面等。因此，在本书的研究基础上，进一步全面地、深入地探讨公共资本投入效率的影响因素，提升相关研究的决策支撑力度，进而构建中国公共资本投入运行机制，将是一项非常具有挑战性的工作。

参考文献

[1] 蔡晓陈. 中国资本投入：1978－2007——基于年龄—效率剖面的测量［J］. 管理世界，2009（11）：11－20.

[2] 曹跃群. 公共政策背景下农业资本投入运行机制研究［M］. 北京：中国社会科学出版社，2014.

[3] 曹跃群，秦增强，齐倩. 中国资本服务估算［J］. 统计研究，2012（12）：45－52.

[4] 曹跃群，秦增强，齐倩. 中国省际资本服务测量：概念、框架和指数构建［J］. 数量经济技术经济研究，2013（12）：35－50.

[5] 陈碧琼，张梁梁，曹跃群. 省际公共资本存量估算与区域配置［J］. 经济科学，2013（4）：26－40.

[6] 陈抗，Arye L. Hillman，顾清扬. 财政集权与地方政府行为变化——从援助之手到攫取之手［J］. 经济学（季刊），2002（1）：111－130.

[7] 陈诗一，张军. 中国地方政府财政支出效率研究：1978－2005［J］. 中国社会科学，2008（4）：65－78.

[8] 陈志国. 中国公共资本存量和私人资本存量的估计与分析［J］. 财政研究，2005（9）：29－31.

[9] 储德银，韩一多，张同斌. 财政分权、公共部门效率与医疗卫生服务供给［J］. 财经研究，2015（5）：28－41.

[10] 储德银，赵飞. 财政分权、政府转移支付与农村贫困——基于预算内外和收支双重维度的门槛效应分析［J］. 财经研究，2013（9）：4－18.

[11] 储德银，韩一多，张同斌，何鹏飞. 中国式分权与公共服务供给效率：线性抑或倒“U”［J］. 经济学（季刊），2018（3）：1259－1288.

[12] 丁菊红，邓可斌. 政府偏好、公共品供给与转型中的财政分权［J］. 经济研究，2008（7）：78－89.

[13] 窦义海. 中国省际公共资本存量估算及其经济效益研究［D］. 四

川成都：西南财经大学硕士学位论文，2014.

[14] 范子英，张军．财政分权与中国经济增长的效率——基于非期望产出模型的分析 [J]. 管理世界，2009 (7)：15 –25.

[15] 傅晓霞，吴利学．技术效率、资本深化与地区差异——基于随机前沿模型的中国地区收敛分析 [J]. 经济研究，2006 (10)：52 –61.

[16] 傅勇．中国的分权为何不同：一个考虑政治激励与财政激励的分析框架 [J]. 世界经济，2008 (11)：16 –25.

[17] 傅勇．财政分权、政府治理与非经济性公共物品供给 [J]. 经济研究，2010 (8)：4 –15.

[18] 傅勇，张晏．中国式分权与财政支出结构偏向：为增长而竞争的代价 [J]. 管理世界，2007 (3)：4 –12.

[19] 高培勇．中国财税改革 40 年：基本轨迹、基本经验和基本规律 [J]. 经济研究，2018 (3)：4 –20.

[20] 郭庆旺，贾俊雪．政府公共资本投资的长期经济增长效应 [J]. 经济研究，2006 (7)：29 –40.

[21] 郭庆旺，贾俊雪．财政分权、政府组织结构与地方政府支出规模 [J]. 经济研究，2010 (11)：59 –72.

[22] 龚强，张一林，雷丽衡．政府与社会资本合作 (PPP)：不完全合约视角下的公共品负担理论 [J]. 经济研究，2019 (4)：133 –148.

[23] 何刚，陈文静．公共资本和私人资本的生产效率及其区域差异——基于分位数回归模型的研究 [J]. 数量经济技术经济研究，2008 (9)：42 –51.

[24] 胡李鹏，樊纲，徐建国．中国基础设施存量的再测算 [J]. 经济研究，2016 (8)：172 –186.

[25] 胡永刚，郭新强．内生增长、政府生产性支出和中国居民消费 [J]. 经济研究，2012 (9)：57 –71.

[26] 黄勇峰，任若恩，刘晓生．中国制造业资本存量永续盘存法估计 [J]. 经济学 (季刊)，2002 (2)：377 –396.

[27] 贾俊雪，郭庆旺，刘晓路．资本性支出分权、公共资本投资构成与经济增长 [J]. 经济研究，2006 (12)：47 –58.

[28] 金戈．中国基础设施资本存量估算 [J]. 经济研究，2012 (4)：4 –14.

[29] 金戈. 中国基础设施与非基础设施资本存量及其产出弹性估算 [J]. 经济研究, 2016 (5): 41-56.

[30] 金戈, 史晋川. 多种类型公共支出与经济增长 [J]. 经济研究, 2010 (7): 43-56.

[31] 匡远凤. 技术效率、技术进步、要素积累与中国农业经济增长——基于 SFA 的经验分析 [J]. 数量经济技术经济研究, 2012 (1): 3-18.

[32] 李静, 孟令杰, 吴福象. 中国地区发展差异的再检验: 要素积累抑或 TFP [J]. 世界经济, 2006 (1): 12-22.

[33] 李涛, 周业安. 中国地方政府间支出竞争研究——基于中国省级面板数据的经验证据 [J]. 管理世界, 2009 (2): 12-22.

[34] 李燕凌, 欧阳万福. 县乡政府财政支农支出效率的实证分析 [J]. 经济研究, 2011 (10): 110-122.

[35] 李永友, 张子楠. 转移支付提高了政府社会性公共品供给激励吗? [J]. 经济研究, 2017 (1): 119-133.

[36] 李桢业, 金银花. 长三角政府公共资本和民营资本生产率及其经济增长效应的比较研究 [J]. 中国工业经济, 2006a (3): 5-12.

[37] 李桢业, 金银花. 公共资本生产率的比较研究——基于长三角 21 城市公共资本边际生产率的实证分析 [J]. 数量经济技术经济研究, 2006b (8): 47-55.

[38] 李治国, 唐国兴. 资本形成路径与资本存量调整模型——基于中国转型时期的分析 [J]. 经济研究, 2003 (2): 34-42.

[39] 廖楚晖. 中国人力资本和物质资本的结构及政府教育投入 [J]. 中国社会科学, 2006 (1): 23-33.

[40] 廖楚晖, 刘鹏. 中国公共资本对私人资本替代关系的实证研究 [J]. 数量经济技术经济研究, 2005 (7): 35-43.

[41] 林金霞. 资本存量测算研究 [D]. 四川成都: 西南财经大学硕士学位论文, 2007.

[42] 林仁文, 杨熠. 中国的资本存量与投资效率 [J]. 数量经济技术经济研究, 2013 (9): 72-88.

[43] 林毅夫, 刘培林. 经济发展战略对劳均资本积累和技术进步的影响——基于中国经验的实证研究 [J]. 中国社会科学, 2003 (4): 18-32.

[44] 林毅夫, 刘志强. 中国的财政分权与经济增长 [J]. 北京大学学报

（哲学社会科学版），2000（4）：5－17.

［45］刘生龙，王亚华，胡鞍钢．西部大开发成效与中国区域经济收敛［J］．经济研究，2009（9）：94－105.

［46］刘生龙，胡鞍钢．交通基础设施与经济增长：中国区域差距的视角［J］．中国工业经济，2010（4）：14－23.

［47］刘生龙，胡鞍钢．基础设施的外部性在中国的检验：1988－2007［J］．经济研究，2010（3）：4－15.

［48］刘生龙，胡鞍钢．交通基础设施与中国区域经济一体化［J］．经济研究，2011（3）：72－82.

［49］刘勇政，冯海波．腐败、公共支出效率与长期经济增长［J］．经济研究，2011（9）：17－28.

［50］刘卓珺，于长革．公共投资的经济效应及其最优规模分析［J］．经济科学，2006（1）：30－41.

［51］娄洪．长期经济增长中的公共投资政策——包含一般拥挤性公共基础设施资本存量的动态经济增长模型［J］．经济研究，2004（3）：10－19.

［52］娄振华．改革开放以来我国公共投资和私人投资关系动态演进的研究［D］．天津：南开大学博士学位论文，2012.

［53］罗长林．合作、竞争与推诿——中央、省级和地方间财政事权配置研究［J］．经济研究，2018（11）：32－48.

［54］吕炜，王伟同．发展失衡、公共服务与政府责任：基于政府偏好和政府效率视角的分析［J］．中国社会科学，2008（4）：52－64.

［55］马拴友．中国公共资本与私人部门经济增长的实证分析［J］．经济科学，2000（6）：21－26.

［56］缪仕国，马军伟．公共资本对经济增长的影响效应研究［J］．经济学家，2006（2）：90－96.

［57］乔宝云，范剑勇，冯兴元．中国的财政分权与小学义务教育［J］．中国社会科学，2005（6）：37－46.

［58］饶晓辉，刘方．政府生产性支出与中国的实际经济波动［J］．经济研究，2014（11）：17－30.

［59］单豪杰．中国资本存量K的再估算：1952－2006年［J］．数量经济技术经济研究，2008（10）：17－31.

［60］孙琳琳，任若恩．资本投入测量综述［J］．经济学（季刊），

2005a (4): 823 –842.

[61] 孙琳琳, 任若恩. 中国资本投入和全要素生产率的估算 [J]. 世界经济, 2005b (12): 3 –13.

[62] 涂正革, 肖耿. 中国经济的高增长能否持续: 基于企业生产率动态变化的分析 [J]. 世界经济, 2006 (2): 3 –10.

[63] 王兵, 颜鹏飞. 技术效率、技术进步与东亚经济增长——基于APEC视角的实证分析 [J]. 经济研究, 2007 (5): 91 –103.

[64] 王文剑, 覃成林. 地方政府行为与财政分权增长效应的地区性差异——基于经验分析的判断、假说及检验 [J]. 管理世界, 2008 (1): 9 –21.

[65] 王小鲁, 樊纲, 刘鹏. 中国经济增长方式转换和增长可持续性 [J]. 经济研究, 2009 (1): 4 –16.

[66] 王益煊, 吴优. 中国国有经济固定资本存量初步测算 [J]. 统计研究, 2003 (5): 40 –45.

[67] 王永钦, 戴芸, 包特. 财政分权下的地方政府债券设计: 不同发行方式与最优信息准确度 [J]. 经济研究, 2015 (11): 65 –78.

[68] 王永钦, 张晏, 章元等. 中国的大国发展道路——论分权式改革的得失 [J]. 经济研究, 2007 (1): 4 –16.

[69] 吴洪鹏, 刘璐. 挤出还是挤入: 公共投资对民间投资的影响 [J]. 世界经济, 2007 (2): 13 –22.

[70] 吴建新. 技术、效率、资本积累与中国地区发展差异 [J]. 数量经济技术经济研究, 2009 (11): 28 –38.

[71] 吴明娥, 曾国平, 曹跃群. 资源环境约束下基于资本服务的全要素生产率增长研究 [J]. 中国人口·资源与环境, 2015 (5): 83 –91.

[72] 吴明娥, 曾国平, 曹跃群. 中国省际公共资本投入效率差异及影响因素 [J]. 数量经济技术经济研究, 2016 (6): 22 –40.

[73] 吴明娥, 曾国平, 曹跃群. 中国省际公共资本存量估算: 概念、框架与指标构建 [J]. 重庆大学学报 (社会科学版), 2016 (5): 1 –9.

[74] 吴颖, 蒲勇健. 公共资本、政府公共支出与省区经济增长收敛再检验——基于面板数据模型实证分析 [J]. 中国软科学, 2008 (3): 24 –35.

[75] 夏阳, 胡翊竑. 中国经济增长中的资本效率分析 [J]. 上海经济研究, 2000 (3): 33 –37.

[76] 谢垩. 政府效率的空间溢出效应研究 [J]. 财经研究, 2007 (6):

101 – 110.

[77] 徐永胜，乔宝云．财政分权度的衡量：理论及中国 1985 – 2007 年的经验分析 [J]．经济研究，2012 (10)：4 – 13.

[78] 许敬轩，王小龙，何振．多维绩效考核、中国式政府竞争与地方税收征管 [J]．经济研究，2019 (4)：33 – 48.

[79] 严成樑．政府研发投资与长期经济增长 [J]．经济科学，2009 (2)：45 – 59.

[80] 严成樑，龚六堂．财政支出、税收与长期经济增长 [J]．经济研究，2009 (6)：4 – 15.

[81] 颜鹏飞，王兵．技术效率、技术进步与生产率增长：基于 DEA 的实证分析 [J]．经济研究，2004 (12)：55 – 65.

[82] 杨文举．技术效率、技术进步、资本深化与经济增长：基于 DEA 的经验分析 [J]．世界经济，2006 (5)：73 – 83.

[83] 杨文举．基于 DEA 的绿色经济增长核算：以中国地区工业为例 [J]．数量经济技术经济研究，2011 (1)：19 – 34.

[84] 叶樊妮．资本存量与资本服务核算研究 [D]．成都：西南财经大学博士学位论文，2009.

[85] 叶宗裕．中国省际资本存量估算 [J]．统计研究，2010 (12)：65 – 71.

[86] 殷德生．最优财政分权与经济增长 [J]．世界经济，2004 (11)：62 – 71.

[87] 于长革．经济增长与政府公共投资分析 [J]．经济科学，2004 (6)：103 – 111.

[88] 于长革．政府公共投资的经济效益分析 [J]．财经研究，2006 (2)：30 – 41.

[89] 余可，吴健雄．公共资本对私人部门经济增长的影响研究 [J]．广东财经大学学报，2014 (3)：40 – 45.

[90] 苑德宇，韩俊霞．公共资本、省际溢出与技术进步——基于面板协整的经验分析 [J]．中国软科学，2011 (2)：80 – 90.

[91] 曾国平，吴明娥．服务业的集聚与城市化——基于省级面板数据的空间计量分析 [J]．城市问题，2013 (12)：55 – 61.

[92] 张军．增长、资本形成与技术选择：解释中国经济增长下降的长

期因素［J］. 经济学（季刊），2002a（2）：301－338.

［93］张军. 资本形成、工业化与经济增长：中国的转轨特征［J］. 经济研究，2002b（6）：3－13.

［94］张军，高远，傅勇等. 中国为什么拥有了良好的基础设施？［J］. 经济研究，2007（3）：4－19.

［95］张军，吴桂英，张吉鹏. 中国省际物质资本存量估算：1952－2000［J］. 经济研究，2004（10）：35－44.

［96］张军，章元. 对中国资本存量K的再估计［J］. 经济研究，2003（7）：35－43.

［97］张雷宝. 地方政府公共投资研究［J］. 财政研究，2004（3）：56－59.

［98］张思锋. 公共经济学［M］. 北京：中国人民大学出版社，2015.

［99］张学良. 中国交通基础设施促进了区域经济增长吗——兼论交通基础设施的空间溢出效应［J］. 中国社会科学，2012（3）：60－77.

［100］张晏，龚六堂. 分税制改革、财政分权与中国经济增长［J］. 经济学（季刊），2005（1）：75－108.

［101］张勇. 中国资本存量、公共与私人资本存量的再估算和对比分析［J］. 经济学家，2010（6）：103－104.

［102］张勇，古明明. 公共投资能否带动私人投资：对中国公共投资政策的再评价［J］. 世界经济，2011（2）：119－134.

［103］赵志耘，吕冰洋. 政府生产性支出对产出—资本比的影响［J］. 经济研究，2005（11）：46－56.

［104］郑京海，胡鞍钢. 中国改革时期省际生产率增长变化的实证分析（1979－2001年）［J］. 经济学（季刊），2005（2）：263－296.

［105］中国社会科学院经济研究所经济增长前沿课题组. 财政政策的供给效应与经济发展［J］. 经济研究，2004（9）：4－17.

［106］朱军，姚军. 中国公共资本存量的再估计及其应用——动态一般均衡的视角［J］. 经济学（季刊），2017（4）：1367－1398.

［107］庄子银，邹薇. 公共支出能否促进经济增长：中国的经验分析［J］. 管理世界，2003（7）：4－12.

［108］Acemoglu D.，Zilbotti F. Productivity Differences［J］. Quarterly Journal of Economics，2001，116（2）：563－606.

[109] Adam A., Delis M., Kammas P. Fiscal Decentralization and Public Sector Efficiency: Evidence from OECD Countries [J]. Economics of Governance, 2014, 15 (1): 17-49.

[110] Agell J., Henry O., Peter S. T. Growth Effects of Government Expenditure and Taxation in Rich Countries: A Comment [J]. European Economic Review, 2006, 50 (1): 211-218.

[111] Arellano M., Bond S. Some Tests of Specification for Panel Data: Monte Carlo Evidence and a Application to Employment Equations [J]. Review of Economic Studies, 1991 (58): 277-297.

[112] Arellano M., Bover O. Another Look at the Instrumental Variable Estimation of Error-Components Models [J]. Journal of Econometrics, 1995 (68): 29-51.

[113] Arrow K. J., Kurz M. Public Investment, the Rate of Return and Optimal Fiscal Policy [M]. John Hopkins University Press, 1970.

[114] Aschauer D. A. Policy and Aggregate Demand [J]. American Economic Review, 1985 (75): 117-127.

[115] Aschauer D. A. The Equilibrium Approach to Fiscal Policy [J]. Journal of Money, Credit and Banking, 1988 (20): 41-62.

[116] Aschauer D. A. Is Public Expenditure Productive? [J]. Journal of Monetary Economics, 1989 (23): 177-200.

[117] Aschauer D. A. Does Public Capital Crowed Out Private Capital? [J]. Journal of Monetary Economic, 1989 (24): 171-188.

[118] Barro R. J. Government Spending in a Simple Model of Endogenous Growth [J]. Journal of Political Economy, 1990 (98): 103-125.

[119] Barro R. J. Economic Growth in a Gross-Section of Countries [J]. Quarterly Journal of Economics, 1991 (106): 407-444.

[120] Blundell R., Bond S. Initial Conditions and Moment Restrictions in Dynamic Panel Data Models [J]. Journal of Econometrics, 1998 (87): 115-143.

[121] Boarnet M. G. Spillovers and the Locational Effects of Public Infrastructure [J]. Journal of Regional Science, 1998, 38 (3): 381-400.

[122] Chow G. C. Capital Formation and Economic Growth in China [J]. Quarterly Journal of Economics, 1993, 108 (3): 809-842.

[123] Chow G. C. , Lin A. Accounting for Economic Growth in Taiwan and Mainland China: A Comparative Analysis [J]. Journal of Comparative Economics, 2002 (30): 507 -530.

[124] Davoodi H. , Zou H. Fiscal Decentralization and Economic Growth: A Cross-Country Study [J]. Journal of Urban Economics, 1998 (43): 244 -257.

[125] Denison E. F. Why Growth Rates Differ [M]. Washington D C: Brookings Institution, 1967.

[126] Denison E. F. Some Major Issues in Productivity Analysis: An Examination of Estimates by Jorgenson and Griliches [J]. Survey of Current Business, 1969 (5): 1 -27.

[127] Denison E. F. Trends in American Economic Growth: 1929 - 1982 [M]: Washington D C: Brookings Institution, 1985.

[128] Devarajan S. , Swaroop V. , Zou H. Fiscal Decentralization, Public Spending, and Economic Growth in China [J]. Journal of Public Economic, 1996 (67): 221 -240.

[129] Easterly W. , Rebelo S. Fiscal Policy and Economic Growth [J]. Journal of Monetary Economics, 1993 (32): 417 -458.

[130] Elhorst J. P. Dynamic Spatial Panels: Models, Methods, and Inferences [J]. Journal of Geographical Systems, 2012, 14 (1): 5 -28.

[131] Fan S. , X. Zhang. Infrastructure and Regional Economic Development in Rural China [J]. China Economic Review, 2004 (15): 203 -214.

[132] Fare R. , Grosskopf S. , Norris M. , Zhang Z. Productivity Growth, Technical Progress and Efficiency Change in Industrialized Countries [J]. American Economic Review, 1994 (84): 66 -83.

[133] Farrell M. J. The Measurement of Productive Efficiency [J]. Journal of the Royal Statistical Society, 1957, 120 (3): 253 -290.

[134] Fernald J. G. Roads to Prosperity? Assessing the Link Between Public Capital and Productivity [J]. The American Economic Review, 1998, 89 (3): 619 -638.

[135] Fischer S. The Role of Macroeconomic Factors in Growth [J]. Journal of Monetary Economics, 1993, 32 (3): 475 -502.

[136] Fisher W. H. , Turnovsky S. J. Public Investment, Congestion and

Private Capital Accumulation [J]. Economic Jouranl, 1998 (108): 339 –414.

[137] Glomm G., Ravikumar B. Public Government Expenditures and Long-run Growth [J]. Journal of Economic Dynamics and Control, 1997 (21): 183 – 204.

[138] Goldsmith R. W. A Perpetual Inventory of National Wealth [R]. Studies in Income and Wealth, New York: NBER, 1951.

[139] Hall R., Jones C. Why do Some Countries Produce So Much More Output per Worker than Others? [J]. The Quarterly Journal of Economics, 1999, 114 (1): 83 –116.

[140] Henderson D. J., Russell R. R. Human Capital and Convergence: A Production-frontier Approach [J]. International Economic Review, 2005, 46 (4): 1167 –1205.

[141] Henisz W. J. The Institutional Environment of Infrastructure Investment [J]. Industrial and Corporate Change, 2002, 11 (2): 355 –389.

[142] Jin H., Qian Y., Weignast B. Regional Decentralization and Fiscal Incentives: Federalism, Chinese Style [J]. Journal of Public Economics, 2005 (89): 1719 –1742.

[143] Jorgenson D. W. Capital Theory and Investment Behavior [J]. American Economic Review, 1963 (53): 247 –259.

[144] Jorgenson D. W. Information Technology and the U. S. Economy [J]. American Economic Review, 2001 (91): 1 –32.

[145] Jorgenson D. W., Gollop F. M., Fraumeni B. M. Productivity and U. S. Economic Growth [M]. Cambridge: Harvard University Press, 1987.

[146] Jorgenson D. W., Griliches Z. The Explanation of Productivity Change [J]. Review of Economic Studies, 1967 (34): 349 –383.

[147] Jorgenson D. W., Kevin J. S. Information Technology and Growth [J]. American Economic Review, 1999, 89 (2): 125 –211.

[148] Kamps, Christophe. New Estimates of Government Net Capital Stocks for 22 OECD Countries 1960 – 2001 [J]. IMF Staff Papers, 2006, 53 (1): 120 –150.

[149] Kemmerling A., A. Stephan. The Contribution of Local Public Infrastructure to Private Productivity and Its Political Economy: Evidence from a Panel

of Large German Cities [J]. Public Choice, 2002, 113 (3-4): 403-424.

[150] Kevin M., Enrico M., Philip O. Does Education Improve Citizenship: Evidence from the United States and the United Kingdom [J]. Journal of Public Economics, 2004, 88 (9): 1667-1695.

[151] Kormendi R. C., Meguire P. G. Macroeconomic Determinants of Growth: Cross-Country Evidence [J]. Journal of Monetary Economics, 1985 (16): 141-163.

[152] Kumar S., Russell R. R. Technological Change, Technological Catch-up, and Capital Deepening: Relative Contributions to Growth and Convergence [J]. American Economic Review, 2002, 92 (3): 527-548.

[153] Lee L. F., Yu J. A Spatial Dynamic Panel Data Model with Both Time and Individual Fixed Effects [J]. Econometric Theory, 2010, 26 (2): 564-597.

[154] Lin J. Y., Liu Z. Fiscal Decentralization and Economic Growth in China [J]. Economic Development and Cultural Change, 2000, 49 (1): 1-21.

[155] Los B., Timmer M. P. The Appropriate Technology Explanation of Productivity Growth Differentials: An Empirical Approach [J]. Journal of Development Economics, 2005, 77 (2): 517-531.

[156] OECD. Measuring Capital-Measurement of Capital Stocks, Consumption of Fixed Capital and Capital Services [M]. Paris: OECD Publication, 2001.

[157] Oates W. E. On Local Finance and the Tiebout Model [J]. American Economic Review, 1981 (71): 93-98.

[158] Oates W. E. Searching for Leviathan: An Empirical Analysis [J]. American Economic Review, 1985 (75): 748-757.

[159] Oates W. E. Fiscal Competition and European Union: Contrasting Perspectives [J]. Regional Science and Urban Economics, 2001 (31): 133-145.

[160] Oates W. E. Fiscal Competition or Harmonization? Some Reflections [J]. National Tax Journal, 2001 (54): 507-512.

[161] Ratner J. B. Government Capital and the Production Function for U. S. Private Output [J]. Economics Letters, 1983 (13): 213-217.

[162] Solow R. M. Technical Change and the Aggregate Production Function [J]. Review of Economics and Statistics, 1957 (39): 312-320.

[163] Solow R. M. Technical Progress, Capital Formation, and Economic Growth [J]. American Economic Review, 1962, 52 (5): 76 - 86.

[164] Tiebout C. A Pure Theory of Local Expenditures [J]. Journal of Political Economics, 1956 (64): 416 - 424.

[165] Timmer M. P., Los B. Localized Innovation and Productivity Growth in Asia: An Intertemporal DEA Approach [J]. Journal of Productivity Analysis, 2005, 23 (1): 47 - 64.

[166] Turnovsky S. J. Fiscal Policy, Elastic Labor Supply, and Endogenous Growth [J]. Journal of Monetary Economics, 2000, 45 (1): 185 - 210.

[167] Turnovsky S. J., Fisher W. H. The Composition of Government Expenditure and Its Consequences for Macroeconomic Performance [J]. Journal of Economic Dynamics and Control, 1995, 19 (4): 747 - 786.

[168] Zhang T., Zou H. Fiscal Decentralization, Public Spending and Economic Growth in China [J]. Journal of Public Economics, 1998 (67): 221 - 240.

[169] Zhang X. B. Fiscal Decentralization and Political Centralization in China: Implications for Growth and Inequality [J]. Journal of Comparative Economics, 2006 (34): 713 - 726.

后　记

本书是在我的博士研究生导师、重庆大学教授曾国平的精心指导下完成的。曾老师作为我的硕士和博士研究生导师，教给我的并不仅仅局限于专业知识，更多的还是身体力行地教我如何做人、如何处事、如何孝敬父母、如何尊敬师长、如何保持乐观心态、如何做到责任担当，这些都将是我受益一生的宝贵财富。一日为师，终身为父，只愿在未来的道路上能以曾老师为榜样，努力工作，快乐生活，不辜负恩师对我的期许和帮助。

同时，本书也是国家社会科学基金项目“我国经济全要素生产率时空演变及优化路径研究”重要的支撑性研究成果之一。在本书的完成过程中，有幸得到了众多专家学者的无私帮助与慷慨支持。重庆大学曹跃群教授、刘渝琳教授以及博士论文评审专家针对本书的部分内容提出了很多建设性意见。在本书部分成果的发表过程中，《数量经济技术经济研究》、《中国人口·资源与环境》、《重庆大学学报》（社会科学版）匿名审稿人提出的中肯意见与建议为本书部分章节的顺利完成创造了条件。在此，谨对上述专家学者一并表示诚恳的谢意。

本书的成稿还得益于众多朋友的启发和建议，他们有重庆工商大学许岩博士、重庆师范大学副教授彭湘君博士、重庆大学付小鹏博士、重庆大学秦增强博士、重庆工商大学吕佩博士等，在此特别致谢。

此外，我要感谢我的丈夫冯煜博士，感谢你在我没有信心时对我的鼓励，感谢你在我没有动力时对我的鞭策，感谢你在我工作遇到困难时对我的安慰和帮助，感谢你在我生活遇到烦恼时对我的开导和慰藉，感谢你对我飘忽不定的心情的包容，感谢你对我的爱护和体贴，感谢你带我天南海北地奔跑和呼吸，感谢你愿意陪我一直走下去！

最后，我将最深切的感谢送给我的父母和我的姐姐，感谢父亲一直以来对我人生决定的尊重和支持，感谢母亲对我生活上无微不至的关心，感谢姐姐对我们这个家庭的奉献和牺牲。

当然，本书也不可避免地存在局限性，以期抛砖引玉，祈望各位专家学者不吝赐教。

吴明娥

2020 年 2 月 21 日